FLORIAN

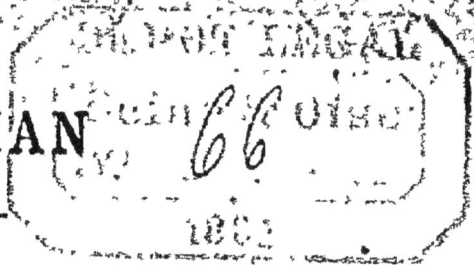

CHOIX DE FABLES

CONTENANT

DES NOTES POUR L'INTELLIGENCE DU TEXTE

ET

ACCOMPAGNÉES DE CONSEILS AUX ENFANTS

ET D'APPLICATIONS MORALES

PAR

M. A. ROGIER

OFFICIER D'ACADÉMIE

Ouvrage approuvé pour les bibliothèques scolaires

PARIS

LIBRAIRIE CLASSIQUE EUGÈNE BELIN

Vᵛᵉ EUGÈNE BELIN ET FILS

RUE DE VAUGIRARD, Nº 52.

Tout exemplaire de cet ouvrage non revêtu de ma griffe sera réputé contrefait.

PRÉFACE.

Jean-Pierre Claris de Florian naquit au château de Florian, près de Sauves. Ce château, situé dans la partie du Languedoc qui forme aujourd'hui le département du Gard, avait été bâti par le grand-père de notre poëte, au pied des Cévennes. Florian y passa son enfance et y puisa l'amour des champs.

Il perdit sa mère de bonne heure, mais il aima toujours à parler d'elle ; et il dut à cette affection filiale le talent d'exprimer avec vérité les sentiments les plus délicats du cœur.

Le séjour qu'il fit à Ferney, au pied du Jura, chez son grand-oncle Voltaire, lui donna l'amour de la poésie. Ses premiers essais furent consacrés à ce philosophe célèbre, qui, selon une expression heureuse, berça l'enfance de Florian sans la corrompre [1].

En quittant Ferney, Florian fut admis à quinze ans parmi les pages du duc de Penthièvre. Il sut mériter l'estime et la faveur de ce prince qui lui donna, quelques années après, une compagnie dans son régiment de dragons. Sa santé, peu robuste, le fit renoncer à la carrière des armes, mais il resta auprès de son bienfaiteur, au château de Rambouillet, puis à Sceaux. Il lui a dédié l'églogue intitulée *Ruth*, qui est un chef-d'œuvre de sensibilité et de grâce. Notre poëte fut associé à toutes les œuvres de bienfaisance du duc de Penthièvre ; il l'aida à distribuer des aumônes d'une source inépuisable et cachée, selon cette admirable devise de la charité, qu'il a mise dans la bouche de Booz :

Ce n'est que pour donner que le Seigneur nous donne...
Et gardons le secret de notre bienfaisance.

La Révolution mit fin à cette vie heureuse. En 1793, Florian fut d'abord exilé de Paris, parce qu'il était *noble*, puis jeté en prison. Mis en liberté après la chute de Robes-

1. E. Gérusez.

pierre, il mourut quelques mois après, en même temps que le prince son ami.

Florian a été « le plus agréable parmi les esprits délicats de son siècle. Ses *Fables*, que relève une malice sans aigreur, et qu'une saine morale fortifie, seront toujours son plus beau titre de gloire. Elles ont presque fait oublier ses *Pastorales*, qui ont tant de grâce et de pureté; ses *Nouvelles*, qui sont de petits drames ou touchants ou plaisants; ses *Romans poétiques* et ses charmantes *Comédies*. Une imagination gracieuse, une délicatesse exquise et une touchante sensibilité forment le caractère de cet écrivain, qui a su conquérir une place distinguée dans un genre où La Fontaine semblait avoir rendu le succès impossible.

Nous ne craignons pas d'avancer que si La Fontaine, « cette fleur de l'esprit gaulois avec un parfum d'antiquité, » plaît tant à l'âge mur, qui *sait* la raison de ses préférences, Florian, cette expression vivante des premiers et des plus doux sentiments du cœur, plaît tout particulièrement à l'enfance, dont il guide les penchants délicats et les aspirations naissantes pour tout ce qui est beau et bon. Voilà pourquoi nous dédions ce livre de fables annotées et suivies d'applications morales à cette enfance tant aimée, et à toutes les personnes qui ont accepté le noble mandat de la conduire dans les voies du bonheur et de la vertu. Notre travail n'a d'autre but que de faire mieux *goûter* à nos jeunes élèves les leçons du Fabuliste. Les notes, écrites en vue de faciliter l'intelligence du texte, sont pleines de faits relatifs à la *Grammaire*, à l'*Histoire*, à la *Mythologie*, à la *Littérature*. Nous avons rédigé avec un soin tout particulier les notions d'*Histoire naturelle*; quant aux applications morales, elles sont destinées à former le cœur des enfants. Puissions-nous n'avoir point failli à notre tâche, commencée et achevée sous la double inspiration de notre amour pour Dieu et de notre dévouement à l'enfance!

A. ROGIER.

FABLES CHOISIES
DE FLORIAN

LIVRE PREMIER.

FABLE I.

LA FABLE ET LA VÉRITÉ.

La Vérité toute nue
Sortit un jour de son puits [1].
Ses attraits par le temps étaient un peu détruits [2] ;
Jeunes et vieux [3] fuyaient sa vue.
La pauvre Vérité restait là morfondue [4],
Sans trouver un asile où pouvoir habiter.
A ses yeux vient se présenter
La Fable richement vêtue [5],
Portant plumes et diamants [6],

1. Les anciens disaient que la *Vérité* est fille du Temps, et mère de la Justice et de la Vertu ; c'est-à-dire que le temps fait connaître la vérité en toutes choses, et qu'un homme qui ne ment jamais est un homme juste et vertueux.
On dit que la Vérité se tient ordinairement cachée dans un puits pour exprimer combien il est difficile quelquefois de la découvrir.
La *Fable*, au contraire, était, selon les anciens, fille du Sommeil et de la Nuit. On la représente avec un masque sur le visage et magnifiquement habillée.
Les fables sont des instructions cachées sous l'apparence d'un récit. Florian nous apprend par sa première fable que la Vérité, pour plaire, a souvent besoin d'emprunter le vêtement, c'est-à-dire le style de la Fable.
2. « Le temps avait un peu détruit sa beauté. »
3. « Les jeunes et les vieux. »
4. C'est-à-dire, triste et saisie par le froid.
5. On dirait en prose, sans changer l'ordre naturel des mots de la phrase : « La Fable richement vêtue vient se présenter à ses yeux. »
6. Le diamant est une pierre précieuse, la plus pesante, la plus transparente et la plus chère de toutes. Il y a beaucoup de diamants faux, qui ont peu de valeur, et qui sont faits d'une composition de cristal, nommée *Strass*, du nom de l'inventeur.

La plupart faux, mais très-brillants.
Eh! vous voilà! bonjour, dit-elle;
Que faites-vous ici seule sur un chemin?
La Vérité répond : Vous le voyez, je gèle.
    Aux passants je demande en vain
    De me donner une retraite;
Je leur fais peur à tous. Hélas! je le vois bien,
    Vieille femme n'obtient plus rien [1].
    Vous êtes pourtant ma cadette [2],
    Dit la Fable; et, sans vanité,
    Partout je suis fort bien reçue.
    Mais aussi, dame Vérité,
    Pourquoi vous montrer toute nue?
Cela n'est pas adroit. Tenez, arrangeons-noûs;
    Qu'un même intérêt nous rassemble :
Venez sous mon manteau, nous marcherons en-
    Chez le sage, à cause de vous,   [semble.
    Je ne serai point rebutée;
    A cause de moi, chez les fous
    Vous ne serez point maltraitée.
Servant par ce moyen chacun selon son goût,
Grâce à votre raison et grâce à ma folie,
    Vous verrez, ma sœur, que partout
    Nous passerons de compagnie.

Cette première fable de Florian sert de *prologue* ou de *préface*, c'est-à-dire d'introduction à tout le recueil. Un livre de fables est, selon l'expression de la Fontaine,
        Une ample comédie à cent actes divers.
Dans chacun de ces actes, le fabuliste a une *vérité* à nous

---

1. Phrase passée en proverbe. Mais les proverbes ne sont pas toujours vrais. L'amour de la vieillesse est une des plus touchantes vertus de la jeunesse. Certes, nous ne refuserions pas un asile à un homme malheureux, mais nous le refuserions encore moins à un vieillard abandonné. Il est si doux, suivant une expression familière, d'être *un bâton de vieillesse*, c'est-à-dire d'être le soutien de nos vieux parents, des vieillards qui ont droit à notre affection.
2. « Je suis encore plus vieille que vous. »

enseigner, mais il ne veut pas nous présenter ces vérités
toutes nues, c'est-à-dire sans ornements; il empruntera pour
elles les vêtements de la *Fable*, c'est-à-dire le style de la
poésie. Alors ces vérités plairont à tous, jeunes et vieux,
sans offenser personne, et les leçons que ces fables renferment se graveront mieux dans la mémoire, car on se souvient plus facilement des vers que de la prose.

FABLE II.

LE BOEUF, LE CHEVAL ET L'ANE.

Un bœuf, un baudet, un cheval,
   Se disputaient la préséance [1].
Un baudet! direz-vous; tant d'orgueil lui sied mal.
A qui l'orgueil sied-il [2]? et qui de nous ne pense
Valoir ceux que le rang, les talents, la naissance,
   Elèvent au-dessus de nous [3]?
   Le bœuf, d'un ton modeste et doux,
   Alléguait ses nombreux services,
   Sa force, sa docilité;
Le coursier, sa valeur, ses nobles exercices;
   Et l'âne, son utilité [4].
Prenons, dit le cheval, les hommes pour arbitres [5]:
En voici venir trois, exposons-leur nos titres.
Si deux sont d'un avis, le procès est jugé.

1. *La préséance*, c'est-à-dire le droit de prendre place au-dessus des autres, l'honneur d'être regardé comme supérieur aux autres.
2. *A qui l'orgueil sied-il?* L'orgueil ne sied à personne. Le tour interrogatif de la phrase lui donne plus de force.
3. L'amour-propre est en effet le défaut de presque tous les hommes, particulièrement des jeunes gens. C'est un sentiment faux, cependant, qui les aveugle et les porte à se croire meilleurs que tout autre.
4. *Le Coursier* alléguait *sa valeur; l'âne* alléguait *son utilité.*
Coursier se dit d'un cheval de belle taille, plus spécialement destiné à la course; mais en poésie on emploie ce mot pour désigner un cheval, quel qu'il soit.
5. Les ARBITRES sont des personnes auxquelles, d'un commun consentement, on remet la décision d'une affaire.

Les trois hommes venus[1], notre bœuf est chargé
D'être le rapporteur[2]; il explique l'affaire,
  Et demande le jugement.
Un des juges choisis, maquignon[3] bas-normand[4],
  Crie aussitôt : La chose est claire,
Le cheval a gagné. Non pas, mon cher confrère,
Dit le second jugeur[5] (c'était un gros meunier),
  L'âne doit marcher le premier :
Tout autre avis serait d'une injustice extrême[6].
  Oh! que nenni, dit le troisième,
Fermier de sa paroisse[7] et riche laboureur,
  Au bœuf appartient cet honneur,
Quoi! reprend le coursier, écumant de colère,
Votre avis n'est dicté que par votre intérêt[8]?

1. *Lorsque* les trois hommes *furent* venus.

2. RAPPORTEUR. Ce mot n'est pas pris ici dans le sens que lui donnent souvent les écoliers; il signifie une personne honorable, qui doit *exposer* aux arbitres l'objet du procès, et rendre compte, dans un écrit nommé *rapport*, des raisons alléguées par les parties, c'est-à-dire par les plaideurs.

3. MAQUIGNON signifie marchand de chevaux; mais ce terme est souvent pris en mauvaise part; il désigne les hommes qui veulent tromper les acheteurs en leur vendant pour bons de mauvais chevaux, dont ils ont l'art de déguiser l'âge et les défauts.

4. La Basse-Normandie (capitale Caen) produit beaucoup de chevaux. — Les pâturages y abondent et nourrissent des bestiaux renommés.

L'adjectif *normand* est souvent pris en mauvaise part; il signifie malin, rusé, peu sincère, et qualifie par conséquent très-bien le substantif *maquignon*.

5. Le mot JUGEUR est très-rarement employé; on dirait de préférence : le second juge, le second arbitre.

6. Le meunier et son confrère le maquignon affirment positivement que leur avis est le seul bon ; celui-ci dit : *la chose est claire;* celui-là : *tout autre avis que* LE MIEN serait d'une injustice extrême. On ne voit que trop souvent dans le monde de ces hommes qui tranchent net les questions soumises ou non à leur appréciation, et qui ne permettent pas aux autres d'être d'un avis opposé au leur.

7. PAROISSE, ici, est mis pour Village. Florian a peut-être voulu dire : Fermier des terres qui appartiennent à la commune, à la paroisse.

8. L'exclamation du coursier part d'un cœur justement indigné. — La réponse du Normand est celle d'un homme positif, qui n'admet de bon et d'utile que ce qui est matériellement bon et utile

Eh! mais, dit le Normand, par quoi donc, s'il vous
    N'est-ce pas le code ordinaire¹?   [plaît?

Toutes les fables ne renferment pas une morale directe,
c'est-à-dire un conseil : quelques-unes, comme celle-ci, sont
purement satiriques; elles attaquent un vice sans indiquer la
vertu qui lui est opposée. Lessing, célèbre poëte allemand, a
composé une fable sur le même sujet. Il fait dire au Lion :
« Ce débat sur la préséance me paraît, après mûre réflexion,
un débat ridicule. » Nous sommes de son avis. A l'amour-
propre qui nous aveugle sur notre propre mérite, substituons
la modestie, qui se contente d'être utile sans réclamer la
préséance. Mais n'imitons pas les trois arbitres de la fable
dans leur façon de juger (Voyez les notes 6 et 8 de la page
précédente).

FABLE III.

LE ROI ET LES DEUX BERGERS.

CERTAIN monarque ¹ un jour déplorait sa misère ²,
    Et se lamentait d'être roi :
Quel pénible métier! disait-il, sur la terre
Est-il un seul mortel ⁴ contredit comme moi?
Je voudrais vivre en paix, on me force à la guerre;
Je chéris mes sujets, et je mets des impôts⁵ ;

pour lui-même, sans s'occuper de l'intérêt d'autrui. Et il ne se trompe
pas en disant que cette manière de juger des hommes et des choses
est ordinaire. Heureusement, il y a d'honorables exceptions. Ce qui
est utile à notre patrie, à notre famille, doit avoir plus de valeur
à nos yeux que ce qui n'est utile qu'à nous-mêmes.

1. On appelle CODE un recueil de lois d'après lesquelles les juges
prononcent leurs sentences.
2. MONARQUE est synonyme de Roi. Le premier de ces mots vient
du grec, le second vient du latin.
3. MISÈRE, ici, ne veut pas dire indigence, mais peines, malheur.
4. MORTEL, dans le style poétique, est synonyme d'homme ou de
femme. Le Roi veut dire: « Personne sur la terre n'est plus con-
trarié que moi. »
5. Mettre des impôts, c'est forcer les sujets à payer à l'Etat des
sommes d'argent. Un roi qui aime ses sujets, c'est-à-dire son peuple,
ne peut rien faire qui leur soit plus agréable que de diminuer les
impôts anciens et de ne point en établir de nouveaux. — Nous

J'aime la vérité, l'on me trompe sans cesse ;
    Mon peuple est accablé de maux,
    Je suis consumé de tristesse ;
    Partout je cherche des avis [1],
Je prends tous les moyens ; inutile est ma peine [2] :
    Plus j'en fais, moins je réussis.
Notre monarque alors aperçoit dans la plaine
Un troupeau de moutons maigres, de près tondus [3] ;
Des brebis sans agneaux, des agneaux sans leurs
    Dispersés, bêlants, éperdus,   [mères,
Et des béliers sans force errant dans les bruyères [4].
Leur conducteur Guillot allait, venait, courait,
Tantôt à ce mouton qui gagne la forêt,
Tantôt à cet agneau qui demeure derrière [5],
    Puis à sa brebis la plus chère ;
    Et, tandis qu'il est d'un côté,
Un loup prend un mouton qu'il emporte bien vite.
    Le berger court ; l'agneau qu'il quitte
    Par une louve est emporté.
    Guillot tout haletant s'arrête,
S'arrache les cheveux, ne sait plus où courir,
    Et, de son poing frappan' sa tête,

voyons, dans l'histoire, que Louis XII mérita le beau nom de *Père du peuple*, pour avoir réduit les impôts à la moitié de ce qu'ils étaient sous Louis XI. A la suite même de ses entreprises les plus ruineuses, il ne rétablit jamais les impôts, et pour toute réponse aux railleries qu'on se permettait à sa cour sur sa sévère économie, il disait : « J'aime mieux voir les courtisans rire de mes épargnes, que de voir le peuple pleurer de mes dépenses. »

1. Les courtisans qui entourent les rois, sont trop souvent des flatteurs qui les trompent et leur cachent la vérité.

2. « Ma peine est inutile. »

3. « Tondus de près. » Ce troupeau représente un peuple auquel on a demandé beaucoup d'argent ; ces impôts s'appelaient autrefois *tailles*, c'est-à-dire impôt qui *enlève* à un homme une partie de son bien. — Les moutons se laissent enlever la laine du dos sans se plaindre ; de là vient le proverbe : *se laisser manger la laine sur le dos*, souffrir tout sans se défendre.

4. « Dans des terrains arides et stériles, il pousse des bruyères, et non des herbes fraîches et nourrissantes. »

5. « En arrière. »

Il demande au ciel de mourir[1].
Voilà bien ma fidèle image[2]!
S'écria le monarque, et les pauvres bergers,
Comme nous autres rois, entourés de dangers,
  N'ont pas un plus doux esclavage :
Cela console un peu[3]. Comme il disait ces mots[4],
Il découvre en un pré[5] le plus beau des troupeaux,
Des moutons gras, nombreux, pouvant marcher à
  Tant leur riche toison les gêne[6];   [peine,
Des béliers grands et fiers, tous en ordre paissants :
Des brebis fléchissant sous le poids de la laine,
  Et de qui la mamelle pleine
Fait accourir de loin les agneaux bondissants.
Leur berger, mollement étendu sous un hêtre[7],
  Faisant des vers pour son Iris[8],
Les chantait doucement aux échos attendris,
Et puis répétait l'air sur son hautbois champêtre.
Le roi tout étonné disait : Ce beau troupeau
Sera bientôt détruit ; les loups ne craignent guère
Les pasteurs amoureux qui chantent leur bergère :
On les écarte mal avec un chalumeau.
Ah ! comme je rirais!... Dans l'instant le loup passe,
  Comme pour lui faire plaisir ;
Mais à peine il paraît, que, prompt à le saisir,
  Un chien s'élance et le terrasse.
  Au bruit qu'ils font en combattant,

1. Toute cette description est pleine de mouvement et de vie.
2. « Voilà un berger qui n'est pas plus heureux que moi ! »
3. Le spectacle des maux d'autrui nous aide à supporter les nôtres. Aussi chaque fois qu'un malheur nous arrive, nous nous con-
solons en songeant qu'il en est d'autres plus malheureux que
nous.
4. V. LA FONTAINE, le Chêne et le Roseau.
5. PRÉ est opposé à bruyères.
6. La TOISON est la laine dont les moutons sont revêtus.
7. Ce berger fait penser à celui que Virgile nous montre dans la
première églogue, couché à l'ombre d'un hêtre touffu, et jouant du
chalumeau.
8. Nom d'une bergère.

Deux moutons effrayés s'écartent dans la plaine :
Un autre chien part, les ramène,
Et pour rétablir l'ordre il suffit d'un instant [1].
Le berger voyait tout, couché dessus l'herbette [2],
Et ne quittait pas sa musette.
Alors le roi presque en courroux   [loups,
Lui dit : Comment fais-tu ? Les bois sont pleins de
Tes moutons gras et beaux sont au nombre de mille ;
Et, sans en être moins tranquille,
Dans cet heureux état toi seul tu les maintiens !
Sire, dit le berger, la chose est fort facile :
Tout mon secret consiste à choisir de bons chiens.

Le secret de bien gouverner, c'est-à-dire de rendre le peuple heureux, est en effet de choisir de bons ministres, des hommes dévoués et fidèles. Le bon roi Henri IV a dû quelque chose de sa popularité à son ministre Sully, le serviteur le plus fidèle et le plus dévoué, le plus habile coopérateur que jamais souverain ait possédé. Le souvenir de ce bon ministre se présente ici tout naturellement. En voyant le troupeau du second berger, *paissant dans un pré* fertile, on songe à cette maxime si sage et si vraie que le ministre ne cessait de répéter au Roi : *Labourage et pâturage sont les deux mamelles dont la France est alimentée, et les vraies mines et trésors du Pérou.* — Les bienfaits de l'administration de Louis XII, que nous citions tout à l'heure, sont dus en grande partie à son digne et fidèle ministre, le cardinal d'Amboise.—Il en a été de même de tous les bons règnes. Dans un autre ordre de choses, nous voyons tous les jours qu'un maître de maison, un directeur de fabrique, un propriétaire d'usine a besoin de bons serviteurs, de bons employés, de bons contre-maîtres. C'est grâce à leur fidélité, à leur dévouement, à leur activité que tout marchera bien, et que tout le monde sera content.

1. Nous avons tous été témoins plus d'une fois de la docilité, de l'intelligence et de l'activité des chiens de berger.
2. DESSUS n'est plus usité comme préposition, à moins qu'il ne soit précédé des mots *par*, *de* ou *au*. Il est remplacé aujourd'hui par *sur*. — HERBETTE ne s'emploie qu'en poésie et signifie une herbe courte et menue.

FABLE IV.

LES DEUX VOYAGEURS.

LE compère [1] Thomas et son ami Lubin
Allaient à pied tous deux à la ville prochaine.
    Thomas trouve sur son chemin
    Une bourse de louis pleine [2] ;
Il l'empoche aussitôt [3] : Lubin, d'un air content,
    Lui dit : Pour nous la bonne aubaine [4] !
    Non, répond Thomas froidement :   [rent [5].
Pour *nous* n'est pas bien dit; *pour moi*, c'est diffé-
Lubin ne souffle plus [6], mais, en quittant la plaine,
Ils trouvent des voleurs cachés au bois voisin.
    Thomas tremblant, et non sans cause,
Dit : Nous sommes perdus ! Non, lui répond Lubin,
Nous n'est pas le vrai mot ; mais *toi*, c'est autre chose [7].
Cela dit, il s'échappe à travers les taillis.
Immobile de peur, Thomas est bientôt pris :
    Il tire la bourse et la donne.
Qui ne songe qu'à soi quand la fortune est bonne,
    Dans le malheur n'a point d'amis.

Thomas est justement puni de son avarice et de son égoïsme ;
mais Lubin est coupable aussi d'abandonner son compagnon

1. COMPÈRE, ici, veut dire un homme fin, adroit, qui veille à ses intérêts et duquel on doit se méfier.
2. « Pleine de louis. »
3. C'est très-mal d'*empocher* ainsi une bourse que l'on trouve. Thomas doit savoir que c'est un vol de s'approprier un objet trouvé, avant d'avoir fait toutes les démarches possibles pour retrouver le propriétaire.
4. AUBAINE signifie *profit inespéré*. — On appelait autrefois *droit d'aubaine*, le droit qu'avaient les rois de France de s'approprier les biens des étrangers qui mouraient en France.
5. « Il ne faut pas dire *pour nous;* car cette bourse est *pour moi* seul. » La réponse de Thomas est celle d'un égoïste.
6. Lubin n'ose ouvrir la bouche pour se plaindre de la réponse froide de celui qu'il croyait son ami.
7. « Tu n'as pas voulu partager les louis avec moi, je ne partagerai pas le danger avec toi. »

au moment du danger. Il est beau de secourir ses amis, mais
il est plus beau de faire du bien à ceux qui nous ont fait du
mal. Notre-Seigneur nous a recommandé d'aimer nos ennemis; c'est le plus touchant précepte de la religion chrétienne. Gardons-nous bien d'imiter les deux personnages de
cette fable; mais, au contraire, faisons participer nos amis
à toutes nos joies, et efforçons-nous de consoler et de secourir nos ennemis dans leurs peines.

FABLE V.

LES SERINS ET LE CHARDONNERET.

Un amateur d'oiseaux avait, en grand secret,
  Parmi les œufs d'une serine
  Glissé l'œuf d'un chardonneret.
La mère des serins, bien plus tendre que fine,
Ne s'en aperçut point, et couva comme sien
  Cet œuf, qui dans peu vint à bien [1].
Le petit étranger, sorti de sa coquille,
Des deux époux trompés reçoit les tendres soins,
  Par eux traité ni plus ni moins
  Que s'il était de la famille.
Couché dans le duvet [2], il dort le long du jour
A côté des serins dont il se croit le frère,
  Reçoit la becquée à son tour [3],
Et repose la nuit sous l'aile de la mère.
Chaque oisillon grandit, et, devenant oiseau,
  D'un brillant plumage s'habille [4];

---

1. La femelle du serin couve ses œufs et élève ses petits avec
une affection remarquable. Le petit chardonneret sera pour celle
dont il est question ici, un enfant d'adoption.
2. « Couché sur les plumes molles dont la mère a pris soin de
garnir le nid, le berceau des petits oisillons nouveau-nés. »
3. Il est à remarquer que même dans une couvée nombreuse, la
mère apporte successivement et à tour de rôle la becquée à chacun
de ses petits. Cela s'observe plus facilement chez les hirondelles.
4. « S'habille d'un brillant plumage. »

Le chardonneret seul ne devient point jonquille[1],
Et ne s'en croit pas moins des serins le plus beau.
    Ses frères pensent tout de même :
Douce erreur qui toujours fait voir l'objet qu'on aime
    Ressemblant à nous trait pour trait !
Jaloux de son bonheur, un vieux chardonneret
Vient lui dire : Il est temps enfin de vous connaître :
Ceux pour qui vous avez de si doux sentiments
    Ne sont point du tout vos parents.
C'est d'un chardonneret que le sort vous fit naître ;
Vous ne fûtes jamais serin ; regardez-vous :
Vous avez le corps fauve et la tête écarlate ;
Le bec... Oui, dit l'oiseau ; j'ai ce qu'il vous plaira :
    Mais je n'ai point une âme ingrate,
    Et mon cœur toujours chérira
    Ceux qui soignèrent mon enfance.
Si mon plumage au leur ne ressemble pas bien,
  J'en suis fâché ; mais leur cœur et le mien
    Ont une grande ressemblance.
Vous prétendez prouver que je ne leur suis rien ;
    Leurs soins me prouvent le contraire :
    Rien n'est vrai comme ce qu'on sent.
    Pour un oiseau reconnaissant,
    Un bienfaiteur est plus qu'un père.

Ce vieux chardonneret est un méchant qui, par jalousie,
voudrait troubler le bonheur de la bonne famille qui a ac-
cueilli le petit étranger. — Il n'est malheureusement pas rare
de voir des hommes jouer dans le monde le rôle de ce méchant oiseau. Le petit chardonneret aura bien raison de l'in-
terrompre et de lui déclarer net qu'il ne sera jamais ingrat.
— Cette leçon ne sera pas perdue pour les enfants qui ont
du cœur et qui savent pratiquer la plus douce des vertus, la
reconnaissance. — Ce n'est pas seulement par les traits du
visage qu'on doit les reconnaître, mais encore par les qualités du cœur. — Les maîtres qui élèvent notre enfance ont

1. JONQUILLE est le nom d'une fleur blanche, appelée aussi *narcisse*.
Ce substantif est ici pris adjectivement et signifie *jaune*.

droit, comme nos parents, à notre affection, à notre reconnaissance — et nous devons chercher à ressembler aux uns et aux autres, *par le cœur*. Si des hommes envieux voulaient nous persuader le contraire, nous nous rappellerions le langage du petit chardonneret, langage auquel nous ne changerions que quelques mots ; nous dirions :

> Notre cœur toujours chérira
> Ceux qui soignèrent notre enfance.

et :

> Pour un enfant reconnaissant
> Un bienfaiteur est comme un père.

FABLE VI.

LE CHAT ET LE MIROIR.

Philosophes hardis, qui passez votre vie
A vouloir expliquer ce qu'on n'explique pas[1],
   Daignez écouter, je vous prie,
   Ce trait du plus sage des chats.
   Sur une table de toilette
   Ce chat aperçut un miroir[2] ;
Il y saute, regarde, et d'abord pense voir
   Un de ses frères qui le guette[3].

1. Au dix-huitième siècle, à l'époque où vivait Florian, de grands écrivains, qui se donnaient le nom de *philosophes*, voulaient en effet tout expliquer, même ce qui ne s'explique pas, par exemple, les mystères ; .·· ils ne voulaient croire qu'aux choses qu'ils pouvaient expliquer. Ainsi ne croyaient-ils pas à la religion et à ses vérités. Les hommes s'égarèrent à leur suite et arrivèrent à une grande licence de mœurs et d'idées. Florian, on le voit, échappa à cette contagion. Nous avons déjà dit que Voltaire avait bercé son enfance sans la corrompre.

2. Un miroir *réfléchit* les objets qu'on place devant lui. Les petits enfants ne savent pas *comment*, et seraient bien embarrassés d'expliquer *pourquoi* le miroir leur montre leur figure ; c'est qu'ils n'ont pas encore étudié la *physique*, science qui explique les propriétés des corps. En ce moment, ils sont comme le chat, ils admettent que le miroir a la propriété de représenter les objets qu'on lui présente. C'est un fait, et on doit admettre un fait, même quand on ne peut pas l'expliquer.

3. *Guetter*, c'est épier quelqu'un, chercher à le surprendre. On dit : *Le chat guette la souris.*

Notre chat veut le joindre, il se trouve arrêté.
Surpris, il juge alors la glace transparente,
    Et passe de l'autre côté,
Ne trouve rien, revient, et le chat se présente.
Il réfléchit un peu [1] : de peur que l'animal,
    Tandis qu'il fait le tour, ne sorte;
Sur le haut du miroir il se met à cheval [2],
Une patte par-ci, l'autre par-là, de sorte
    Qu'il puisse partout le saisir.
    Alors, croyant bien le tenir,
Doucement vers la glace il incline sa tête [3],
Aperçoit une oreille, et puis deux... A l'instant,
    A droite, à gauche, il va jetant
    Sa griffe qu'il tient toute prête :
Mais il perd l'équilibre, il tombe, et n'a rien pris.
    Alors, sans davantage attendre,   [prendre,
Se chercher plus longtemps ce qu'il ne peut com-
Il laisse le miroir et retourne aux souris [4] :
Que m'importe, dit-il, de percer ce mystère ?
    Une chose que notre esprit,
Après un long travail, n'entend ni ne saisit,
    Ne nous est jamais nécessaire.

Il n'est pas nécessaire, en effet, de connaître la cause d'un fait pour admettre ce fait. Profitons donc de la leçon que Florian, par la bouche de ce chat, donne aux philosophes. Il y a dans la nature une infinité de mystères que nous ne comprenons pas, et auxquels nous croyons cependant. Comment se fait-il, par exemple, que d'un tout petit gland naisse un chêne élevé dont les branches porteront à leur tour des

1. Il fait bien de réfléchir, c'est-à-dire de penser mûrement à ce dont il vient d'être témoin.
2. *Il se met à cheval.* Florian prend soin de nous expliquer cette expression pittoresque ; on dit aussi : aller *à cheval* sur un bâton, *une jambe par-ci, l'autre par-là.*
3. On dirait mieux : *il incline la tête.*
4. *Et retourne aux souris.* Le chat retourne à son métier, et il fait bien. Cela sera plus sage que de continuer un travail pour lequel il n'est pas fait, et qui ne lui est d'aucune utilité.

milliers de glands? Il en est de même des mystères de notre sainte religion. Notre intelligence n'est pas assez grande pour les comprendre, mais nous les admettons sans les comprendre, parce que nous savons que Dieu est la vérité même, qu'il ne peut se tromper ni nous tromper. Aussi tous les mystères qu'il nous a révélés par la bouche de ses apôtres et de leurs successeurs, nous les admettons sans chercher à les expliquer; et, plus sages en cela que les philosophes du xviiie siècle, nous laissons là les vaines recherches, les inutiles discussions pour retourner à nos souris, c'est-à-dire à la chose vraiment utile, qui est, pour l'enfant comme pour l'homme, le travail. Car le travail conduit au bonheur.

FABLE VII.

LA CARPE ET LES CARPILLONS.

PRENEZ garde, mes fils, côtoyez moins le bord[1],
   Suivez le fond de la rivière;
   Craignez la ligne meurtrière[2],
  Ou l'épervier plus dangereux encor[3].
C'est ainsi que parlait une carpe de Seine[4]
A de jeunes poissons qui l'écoutaient à peine.
C'était au mois d'avril : les neiges, les glaçons,
Fondus par les zéphyrs[5] descendaient des montagnes;

1. On dit en parlant d'un homme silencieux : *Il est muet comme un poisson.* Voici une carpe qui, par un privilége du poëte, prend la parole pour donner les meilleurs conseils à ses fils. Écoutons ces conseils, car une mère doit toujours être écoutée.

2. La ligne est *meurtrière,* parce qu'elle cause la mort du petit poisson qui se laisse prendre à l'hameçon.

3. L'*épervier* est un filet en forme de cloche, dont les bords sont plombés. Le pêcheur jette ce filet dont il retient le sommet par une corde, et il ramène ensuite sur le rivage tous les poissons qui se sont trouvés pris sous la cloche.

4. LA SEINE, un des cinq grands fleuves de France, prend sa source dans la Côte-d'Or, passe à Paris, et se jette dans la *Manche* entre le Havre et Honfleur. — C'est à Paris surtout, et dans les grandes villes, que les jeunes gens oublient les conseils de leur mère, et courent à leur perte.

5. LES ZÉPHYRS sont les vents d'ouest ; mais on donne leur nom à tous les vents doux et agréables.

Le fleuve enflé par eux s'élève à gros bouillons,
    Et déborde dans les campagnes.
      Ah ! ah ! criaient les carpillons,
      Qu'en dis-tu, carpe radoteuse[1] ?
      Crains-tu pour nous les hameçons ?
Nous voilà citoyens de la mer orageuse ;
Regarde : on ne voit plus que les eaux et le ciel[2],
      Les arbres sont cachés sous l'onde ;
      Nous sommes les maîtres du monde[3] ;
      C'est le déluge universel.
Ne croyez pas cela, répond la vieille mère[4] ?
Pour que l'eau se retire il ne faut qu'un instant.
Ne vous éloignez point, et, de peur d'accident,
Suivez, suivez toujours le fond de la rivière.
Bah ! disent les poissons, tu répètes toujours
      Mêmes discours.
Adieu, nous allons voir notre nouveau domaine.
      Parlant ainsi, nos étourdis
      Sortent tous du lit de la Seine,
Et s'en vont dans les eaux qui couvrent le pays.
    Qu'arriva-t-il ? Les eaux se retirèrent :
      Et les carpillons demeurèrent ;
        Bientôt ils furent pris,
        Et frits[5].

1. Cette expression, surtout dans la bouche d'enfants qui parlent à leur mère, est de la dernière inconvenance. On appelle *radoteur*, un homme dont les discours n'ont pas de suite et sont dénués de sens commun. Les carpillons sont donc à la fois malhonnêtes et injustes.

2. Ce beau vers est imité d'un vers de Virgile, célèbre poète latin du siècle d'Auguste (mort dix-neuf ans avant l'ère chrétienne).

3. Quel orgueil de la part de ces petits poissons !

4. Une mère est toujours mère ; malgré l'épithète injurieuse que ses enfants lui ont adressée, la carpe les prévient de nouveau du danger qui les menace ; mais c'est en vain.

5. Les quatre derniers vers sont de plus en plus petits. Florian l'a fait à dessein, pour marquer la rapidité croissante avec laquelle arrive la catastrophe, juste punition de l'orgueil et de l'imprudence.

Pourquoi quittaient-ils la rivière ?
Pourquoi ? Je le sais trop, hélas !
C'est qu'on se croit toujours plus sage que sa mère,
C'est qu'on veut sortir de sa sphère,
C'est que... c'est que... Je ne finirais pas.

Le poëte nous dit lui-même la cause de ces deux défauts ; c'est que les mauvais fils se croient toujours plus sages que leurs mères; *c'est qu'on veut sortir de sa sphère*, c'est-à-dire sortir des bornes de sa condition, de son état. Heureux les enfants qui connaissent les joies si douces et si pures qu'on goûte au sein de la famille, auprès d'une mère vénérée et chérie ! — Le monde n'aura point de charmes pour eux. Les méchants ne pourront point les atteindre, ni donner la mort à leurs jeunes âmes par l'attrait des plaisirs coupables. L'orgueil, l'imprudence et l'ingratitude seront des vices inconnus à leur cœur. Et plus tard, lorsqu'ils auront grandi, et que leur bonne mère leur dira : « Allez maintenant, vous êtes forts! » ils partiront, mais loin d'elle ils garderont le souvenir de ses conseils; ils resteront fidèles aux sages enseignements de la famille. Heureux donc, mille fois heureux les enfants, que l'exemple des petits carpillons aura instruits, et qui ne se laisseront point prendre dans les filets du vice ! Ils suivront *le fond de la rivière*, c'est-à-dire le chemin qui mène à la vertu, au bonheur!

FABLE VIII.

LE CALIFE.

Autrefois, dans Bagdad [1], le calife Almamon
Fit bâtir un palais plus beau, plus magnifique
Que ne le fut jamais celui de Salomon [2].
Cent colonnes d'albâtre en formaient le portique ;

1. BAGDAD, la cité des califes, est une ville de la Turquie d'Asie; elle était autrefois la capitale des souverains musulmans, successeurs de Mahomet. — Le mot CALIFE veut dire successeur. — AL-MAMON, ou mieux ALMAMOUN, a été au commencement du ixᵉ siècle un des plus célèbres califes de Bagdad.
2. Vous connaissez SALOMON, troisième roi des Hébreux et fils de David. Il avait construit un temple, auquel cent cinquante mille

L'or, le jaspe, l'azur, décoraient le parvis[1] ;
Dans les appartements embellis de sculpture,
Sous des lambris de cèdre, on voyait réunis
Et les trésors du luxe et ceux de la nature,
Les fleurs, les diamants, les parfums, la verdure,
Les myrtes odorants, les chefs-d'œuvre de l'art,
  Et les fontaines jaillissantes
  Roulant leurs ondes bondissantes
  A côté des lits de brocart[2].
Près de ce beau palais, juste devant l'entrée,
Une étroite chaumière, antique et délabrée,
D'un pauvre tisserand était l'humble réduit[3].
  Là, content du petit produit
D'un grand travail, sans dette et sans soucis pénibles,
  Le bon vieillard, libre, oublié,
  Coulait des jours doux et paisibles,
  Point envieux, point envié.
  J'ai déjà dit que sa retraite
  Masquait le devant du palais.
Le vizir[4] veut d'abord, sans forme de procès[5],

ouvriers travaillèrent pendant sept ans. Les bois les plus précieux et l'or le plus pur y furent prodigués. Aussi, doutons-nous que celui du calife Almamoun fût plus beau. Il ne faut pas toujours croire les poètes sur parole.

1. L'ALBATRE est une pierre transparente et d'un beau blanc.
Le JASPE est une pierre précieuse très-dure, de différentes couleurs.
L'AZUR est un minéral bleu.
Le PARVIS était, chez les Juifs, l'espace réservé autour du tabernacle. Les poètes emploient aujourd'hui ce mot pour dire un vestibule.
2. Le BROCART est une étoffe précieuse sur laquelle il y a des dessins en or et en soie.
3. Le contraste de cette description avec celle qui précède est d'un bon effet. L'humble chaumière fait ressortir le magnifique palais.
4. Les vizirs étaient les ministres des califes. — Ce mot est employé en France pour qualifier les hommes qui ont le caractère dur et le langage impératif.
5. « Sans examiner si le vieillard a le droit de conserver sa maison. »

Qu'on abatte la maisonnette ;
Mais le calife veut que d'abord on l'achète.
Il fallut obéir : on va chez l'ouvrier,
On lui porte de l'or. Non, gardez votre somme,
 Répond doucement le pauvre homme.
Je n'ai besoin de rien avec mon atelier.
Et quant à ma maison, je ne puis m'en défaire.
C'est là que je suis né, c'est là qu'est mort mon père,
 Je prétends y mourir aussi [1].
Le calife, s'il veut, peut me chasser d'ici;
 Il peut détruire ma chaumière :
 Mais, s'il le fait, il me verra
Venir, chaque matin, sur la dernière pierre
 M'asseoir, et pleurer ma misère.
Je connais Almamon, son cœur en gémira.
Cet insolent [2] discours excita la colère
Du vizir, qui voulait punir ce téméraire,
Et sur-le-champ raser sa chétive maison.
 Mais le calife lui dit : Non,
J'ordonne qu'à mes frais elle soit réparée ;
 Ma gloire tient à sa durée.
Je veux que nos neveux [3], en la considérant,
Y trouvent de mon règne un monument auguste [4];
En voyant le palais, ils diront : Il fut grand;
En voyant la chaumière, ils diront : Il fut juste.

1. Ces deux vers, qui expriment de si beaux sentiments, rappellent ceux du *Meunier Sans-Souci*, de M. Andrieux:
 « Sire, je ne puis vous vendre ma maison :
 Mon vieux père y mourut, mon fils y vient de naître. »
2. Ce discours n'est pas INSOLENT, mais le vizir le qualifie ainsi, parce qu'il est indigné de voir un pauvre vieillard lui parler avec tant de franchise. Les hommes durs et impérieux n'aiment pas qu'on leur résiste.
3. Nos NEVEUX signifient: *La postérité, ceux qui viendront après nous.* Cette expression n'est usitée que dans le style poétique.
4. « Y *trouvent un monument auguste de mon règne :* » inversion. AUGUSTE veut dire grand, vénérable; il se dit spécialement des hommes et des édifices qui ont été l'objet d'une cérémonie religieuse, comme le *sacre* pour les rois et les empereurs, la *consécration* pour les temples.

Florian nous enseigne, par l'exemple du calife, que la justice doit être la vertu des souverains; elle doit être aussi, par excellence, la vertu des particuliers; c'est par elle que nous respectons la propriété d'autrui, et que nous rendons à chacun ce qui lui appartient. Cette vertu a fait la gloire de l'un de nos plus grands rois, saint Louis. — L'histoire a conservé le souvenir de l'arbre de Vincennes sous lequel il venait lui-même rendre la justice à son peuple. D'autres fois il écoutait, à la porte même de son palais, ceux qui avaient recours à lui. Aussi, nous qui sommes *ses neveux*, nous disons de lui : *Il fut grand, il fut juste.* Jamais un écrivain n'a osé mal parler de ce bon roi, et ce fait est peut-être unique dans l'histoire.

Cette fable nous montre encore que la raison du plus fort n'est pas toujours la meilleure. Il serait à propos de changer un mot dans le vers de La Fontaine, et de dire : La raison du plus *juste* est toujours la meilleure.

FABLE IX.

LA MORT.

LA Mort, reine du monde [1], assembla, certain jour,
    Dans les enfers toute sa cour.
Elle voulait choisir un bon premier ministre
Qui rendît ses États encor [2] plus florissants.
    Pour remplir cet emploi sinistre,
Du fond du noir Tartare [3] avancent à pas lents
    La Fièvre, la Goutte, et la Guerre.
    C'étaient trois sujets excellents [4];

1. La Mort est reine du monde, parce que tous les hommes sont soumis à ses lois. — Les poëtes la représentent n'ayant que les os avec des ailes et tenant une faux. Ils lui donnent quelquefois une robe noire parsemée d'étoiles blanches. Tel est le drap dont on recouvre les cercueils.

2. Le mot ENCOR ne s'écrit ainsi qu'en vers ; en prose, on ne retranche point l'*e* final. — Florissants veut dire ici *peuplés*.

3. Le Tartare était le lieu où les coupables étaient punis après leur mort.

4. La fièvre, la goutte et la guerre font en effet mourir beaucoup d'hommes.

Tout l'enfer et toute la terre
Rendaient justice à leurs talents.
La Mort leur fit accueil [1], La Peste vint ensuite.
On ne pouvait nier qu'elle n'eût du mérite ;
Nul n'osait lui rien disputer,
Lorsque d'un médecin arriva la visite,
Et l'on ne sut alors qui devait l'emporter [2].
La Mort même était en balance [3] :
Mais les Vices étant venus [4],
Dès ce moment la Mort n'hésita plus ;
Elle choisit l'Intempérance.

Un des vices les plus funestes est en effet l'*intempérance*.
On nomme *intempérants* les hommes qui abusent des plaisirs
du corps. Les ivrognes, par exemple, et les gourmands sont
sujets à de graves maladies, et meurent plus tôt que ceux qui
ne font point d'excès dans le manger et le boire. Non-seulement l'intempérance fait mourir beaucoup d'hommes, mais
elle les abrutit encore avant leur mort et les rend semblables
aux plus vils animaux. On ne saurait avoir trop d'horreur
de ce vice, que la Mort a choisi pour premier ministre.
Rappelons-nous cette parole d'un homme sage : « Les bons
dîners font plus de victimes que la peste ! » C'est la morale
de la Fable.

FABLE X.

LES DEUX JARDINIERS.

Deux frères jardiniers avaient par héritage
Un jardin, dont chacun cultivait la moitié ;
Liés d'une étroite amitié,

---

1. « La mort les accueillit bien. »
2. Les poètes de tout temps ont pris plaisir à lancer contre les
médecins de pareils traits de satire ; mais ils ne parlent pas sérieusement. Aussi, lorsqu'ils deviennent malades, font-ils appeler aussitôt le médecin, et ils attendent *sa visite* avec impatience.
3. « Hésitait à choisir entre la peste et le médecin. »
4. Les vices sont les mauvais penchants des cœurs corrompus.

Ensemble ils faisaient leur ménage.
L'un d'eux, appelé Jean, bel esprit, beau parleur [1],
     Se croyait un très-grand docteur,
     Et monsieur Jean passait sa vie
A lire l'almanach, à regarder le temps,
     Et la girouette, et les vents.
Bientôt, donnant l'essor à son rare génie [2],
Il voulut découvrir comment d'un pois tout seul
Des milliers de pois peuvent sortir si vite ;
     Pourquoi la graine du tilleul,
Qui produit un grand arbre, est pourtant plus petite
Que la fève, qui meurt à deux pieds du terrain ;
     Enfin; par quel secret mystère
Cette fève, qu'on sème au hasard sur la terre,
     Sait se retourner dans son sein;
Place en bas sa racine, et pousse en haut sa tige.
     Tandis qu'il rêve, et qu'il s'afflige
De ne point pénétrer ces importants secrets,
     Il n'arrose point son marais [3];
     Ses épinards et sa laitue
   Sèchent sur pied ; le vent du nord lui tue [4]
     Ses figuiers, qu'il ne couvre pas.
Point de fruits au marché, point d'argent dans la
Et le pauvre docteur, avec ses almanachs,   [bourse;
     N'a que son frère pour ressource.

---

1. Monsieur Jean est appelé *bel esprit* et *beau parleur*, par
ironie, parce qu'il a la prétention d'être plus spirituel et de s'exprimer mieux que son frère.

2. « Bientôt se laissant aller à des réfle   inutiles, mais qui
lui paraissaient très-savantes. » — *Donner   à son génie*, c'est,
par comparaison, le laisser monter haut con...   n oiseau qui s'é-
lève et s'abandonne au vent.

3. On appelle *marais*, aux environs de Paris, des terrains situés
près de la rivière, et où l'on cultive des légumes.

4. Le vent du Nord est le vent d'hiver qui glace les eaux et fait
mourir les plantes délicates. C'est pour cela que le poëte dit qu'il
tue les figuiers de M. Jean ; car M. Jean n'a pas pris le temps d'en-
velopper ses figuiers de paille afin de les abriter du froid.

Celui-ci, dès le grand matin,
Travaillait en chantant quelque joyeux refrain,
Bêchait, arrosait tout, du pêcher à l'oseille[1].
Sur ce qu'il ignorait sans vouloir discourir,
Il semait bonnement, pour pouvoir recueillir[2].
Aussi dans son terrain tout venait à merveille ;
Il avait des écus, des fruits, et du plaisir.

Ce fut lui qui nourrit son frère,
Et quand monsieur Jean tout surpris
S'en vint lui demander comment il savait faire :
Mon ami, lui dit-il, voici tout le mystère :
Je travaille, et tu réfléchis ;
Lequel rapporte davantage ?
Tu te tourmentes ; je jouis ;
Qui de nous deux est le plus sage ?

Cette fable nous rappelle celle intitulée *le Chat et le Miroir*, fable que M. Jean n'avait sans doute pas lue ; car il n'aurait pas perdu son temps *à chercher ce qu'il ne pouvait comprendre;* il aurait *bonnement* cultivé son jardin. — Ces deux frères, dont l'un fait le bel esprit et l'autre travaille sérieusement, ont des imitateurs partout, même chez les enfants. Les uns, *beaux parleurs,* se croient déjà très-grands docteurs; ils veulent savoir pourquoi le maître a donné tel devoir à faire, telle leçon à apprendre. « A quoi sert-il d'écrire tant de devoirs? A quoi sert-il d'apprendre des fables par cœur? » Ces enfants-là perdent leur temps à raisonner, et comme M. Jean ils ne cultivent point leur esprit, qui reste stérile. Les autres se contentent de travailler gaiement, sous la direction du maître, sans demander : « pourquoi ceci? pourquoi cela? » Ils ne négligent aucun devoir. Ils sèment dans leur âme de bonnes idées, dont ils recueilleront plus tard les fruits. Aussi tout vient à merveille dans leur intelligence; ils ont la vertu, la science, et les plaisirs. Nous n'avons pas be-

1. C'est-à-dire ne négligeait rien dans son jardin, ni les *péchers* qui demandent beaucoup de soins, ni même l'*oseille*, qui n'en demande que très-peu.
2. « Il semait tout simplement pour recueillir, sans chercher à pénétrer les mystères de la nature. »

soin de dire lesquels de ces enfants sont les plus sages. Ah!
mes petits amis, gardez-vous d'imiter M. Jean, le jardinier
bel-esprit!

FABLE XI.

LE CHIEN ET LE CHAT.

Un chien vendu par son maître
Brisa sa chaîne, et revint
Au logis qui le vit naître.
Jugez de ce qu'il devint [1],
Lorsque, pour prix de son zèle [2],
Il fut de cette maison
Reconduit par le bâton
Vers sa demeure nouvelle!
Un vieux chat, son compagnon,
Voyant sa surprise extrême,
En passant lui dit ce mot :
Tu croyais donc, pauvre sot,
Que c'est pour nous qu'on nous aime!

Le vieux chat, qui a beaucoup vu, ne se fait pas illusion
sur les motifs qui font garder dans une maison un chat ou
un chien; on les aime parce qu'ils sont utiles. Profitons de
la leçon, quelque peu honorable qu'elle soit pour l'humanité,
et tâchons de nous rendre, dès notre enfance même, utiles
aux hommes, afin d'en être aimés.

FABLE XII.

LE VACHER ET LE GARDE-CHASSE.

Colin gardait un jour les vaches de son père;

1. « Jugez de ce qu'il pensa, » tant il fut surpris de recevoir des
coups de bâton !
2. Le jeune chien s'attendait à être caressé en récompense de
sa fidélité à son ancien maître.

Colin n'avait pas de bergère [1],
Et s'ennuyait tout seul. Le garde sort du bois :
Depuis l'aube [2], dit-il, je cours dans cette plaine
Après un vieux chevreuil que j'ai manqué deux fois,
　　Et qui m'a mis tout hors d'haleine.
　　Il vient de passer par là-bas,
Lui répondit Colin : mais, si vous êtes las,
Reposez-vous, gardez mes vaches à ma place,
　　Et j'irai faire votre chasse ;
Je réponds du chevreuil. — Ma foi, je le veux bien :
Tiens, voilà mon fusil ; prends avec toi mon chien,
　　Va le tuer [3]. Colin s'apprête,
S'arme, appelle Sultan. Sultan, quoiqu'à regret,
　　Court avec lui vers la forêt [4].
Le chien bat les buissons ; il va, vient, sent, arrête [5],
Et voilà le chevreuil.., Colin impatient
　　Tire aussitôt [6], manque la bête,
　　Et blesse le pauvre Sultan.
　　A la suite du chien qui crie,
　　Colin revient à la prairie.
　　Il trouve le garde ronflant ;
　　De vaches point [7] ; elles étaient volées.
Le malheureux Colin, s'arrachant les cheveux,
Parcourt en gémissant les monts et les vallées.
Il ne voit rien. Le soir, sans vaches, tout honteux,
　　Colin retourne chez son père,

1. Les bergers se réunissent pour garder leurs troupeaux : on s'ennuie moins en compagnie.
2. « Depuis le matin. »
3. « Va tuer le chevreuil. »
4. Le brave chien n'a pas confiance dans le jeune chasseur, et ce n'est pas sans raison.
5. « Se met en arrêt. » On dit, en terme de chasse, qu'*un chien arrête bien*, quand il indique bien, en s'arrêtant court, où est le gibier.
6. Les jeunes chasseurs manquent presque toujours le gibier par trop de précipitation.
7. « Il ne retrouve plus ses vaches. »

Et lui conte en tremblant l'affaire,
Celui-ci, saisissant un bâton de cormier[1],
Corrige son cher fils de ses folles idées,
Puis lui dit : Chacun son métier,
Les vaches seront bien gardées.

En approuvant les paroles du père, nous désapprouvons son action. Colin a eu grand tort de quitter ses vaches, pour courir après le chevreuil du garde-chasse. Mais il revient *tout honteux*, et conte *en tremblant* l'affaire à son père. Puisqu'il est honteux et qu'il tremble, c'est qu'il se repent, et le repentir devrait lui faire trouver grâce. Mais non, il est bel et bien bâtonné. Toute sévère qu'elle soit, la punition n'est pas injuste. Puissent donc les coups de bâton graver profondément dans sa tête, un peu légère, la morale vraiment importante de cette fable !

FABLE XIII.

LA COQUETTE ET L'ABEILLE.

CHLOÉ, jeune et jolie, et surtout fort coquette[2],
Tous les matins, en se levant,
Se mettait au travail, j'entends à sa toilette ;
Et là, souriant, minaudant,
Elle disait à son cher confident[3]
Les peines, les plaisirs, les projets de son âme.
Une abeille étourdie arrive en bourdonnant.
Au secours ! au secours ! crie aussitôt la dame :
Venez, Lise, Marton[4], accourez promptement ;
Chassez ce monstre ailé[5]. Le monstre insolemment

1. Le cormier est un arbre très-dur.
2. La coquetterie est le désir de paraître belle ; c'est un fort vilain défaut chez une petite fille.
3. Une petite coquette consulte plus souvent son miroir que ses livres. C'est pour cela que le poëte appelle le miroir de Chloé *son cher confident.*
4. *Lise* et *Marton* sont les servantes de la demoiselle.
5. Une abeille n'est pas un monstre ; mais la frayeur exagère, grossit les objets qu'elle voit. Chloé, effrayée, prend le petit insecte pour un monstre, c'est-à-dire un animal d'une grandeur extraordinaire.

2.

Aux lèvres de Chloé se pose.
Chloé s'évanouit, et Marton en fureur
    Saisit l'abeille, et se dispose
A l'écraser. Hélas ! lui dit avec douceur
L'insecte malheureux, pardonnez mon erreur :
La bouche de Chloé me semblait une rose,
Et j'ai cru... Ce seul mot à Chloé rend ses sens [1].
Faisons grâce, dit-elle, à son aveu sincère :
    D'ailleurs sa piqûre est légère ;
Depuis qu'elle te parle, à peine je la sens.
Que ne fait-on passer avec un peu d'encens [2] ?

Non-seulement Chloé est coquette ; elle a un autre défaut, l'amour-propre, qui lui fait ajouter foi à la flatterie de l'Abeille. Ce défaut est très-commun : nous croyons volontiers aux louanges qu'on fait de notre beauté, de notre esprit. Qu'arrive-t-il ? c'est que nous nous laissons tromper par les personnes qui nous flattent. Rappelons-nous la fable du Corbeau et du Renard.— L'Abeille a piqué Chloé, et mérite par conséquent d'être punie ; mais elle a recours au mensonge, et ce mensonge, dont Chloé se trouve flattée, lui fait obtenir grâce. Charmantes petites filles, qui lisez cette fable, gardez-vous bien de ressembler à Chloé, et n'imitez point l'Abeille. La coquetterie déshonore le cœur ; la flatterie déshonore les lèvres qui la prononcent, et l'esprit qui aime à l'entendre.

FABLE XIV.
L'ÉLÉPHANT BLANC.

Dans certains pays de l'Asie [3]
On révère les éléphants [4],

1. L'Abeille se repose volontiers sur les fleurs pour en recueillir le suc, dont elle fait le miel. Chloé ne laisse pas même achever la phrase de l'Abeille, tant l'erreur de l'insecte lui est agréable ! Elle reprend *ses sens*, c'est-à-dire elle revient de son évanouissement.

2. L'ENCENS est une espèce de gomme, que l'on brûle et dont le parfum flatte agréablement l'odorat.— Ce mot veut dire ici *louange délicate*. — La louange flatte agréablement l'oreille et le cœur.

3. Dans l'Inde, et surtout dans le royaume de Siam.

4. Les Hindous, qui habitent ce pays, traitent les éléphants comme des souverains.

Surtout les blancs[1],
Un palais est leur écurie[2],
On les sert dans des vases d'or[3].
Tout homme à leur aspect s'incline vers la terre,
Et les peuples se font la guerre
Pour s'enlever ce beau trésor[4],
Un de ces éléphants, grand penseur, bonne tête,
Voulut savoir un jour d'un de ses conducteurs
Ce qui lui valait tant d'honneurs,
Puisqu'au fond, comme un autre, il n'était qu'une
Ah ! répond le cornac[5], c'est trop d'humilité ;   [bête.
L'on connaît votre dignité,
Et toute l'Inde sait qu'au sortir de la vie
Les âmes des héros, qu'a chéris la patrie[6],
S'en vont habiter quelque temps
Dans les corps des éléphants blancs[7].
Nos talapoins[8] l'on dit, ainsi la chose est sûre.
— Quoi ! vous nous croyez des héros ?
— Sans doute. — Et sans cela nous serions en repos,
Jouissant dans les bois des biens de la nature ?
— Oui, seigneur. — Mon ami, laisse-moi donc partir,
Car on t'a trompé, je t'assure ;
Et si tu veux y réfléchir,

1. Les Hindous voient dans la blancheur du corps un symbole de la pureté de l'âme ; aussi chez eux l'éléphant blanc est l'animal par excellence. — Le roi de Siam, parmi ses titres, prend celui de *possesseur de l'Éléphant blanc.*
2. *La maison des Éléphants* est un des plus beaux palais de Siam.
3. Lorsque les éléphants blancs sortent du bain, un seigneur de la cour leur lave les pieds dans un bassin d'argent.
4. Cela est arrivé plusieurs fois.
5. C'est ainsi que s'appelle un conducteur d'éléphants.
6. « Que la patrie a chéris. » *Inversion.*
7. C'est en cela que consiste le dogme de la métempsycose, c'est-à-dire du passage d'une âme d'un corps dans un autre. — Nous n'avons pas besoin de dire que ce dogme est une rêverie des philosophes. Plus sages que les Hindous, les petits enfants de notre pays n'y croient pas, et ils ont bien raison.
8. C'est ainsi qu'on appelle les prêtres idolâtres de l'Inde.

Tu verras bientôt l'imposture,
Nous sommes fiers et caressants ;
Modérés, quoique tout-puissants ;
On ne nous voit point faire injure
A plus faible que nous ; l'amour dans notre cœur
      Reçoit des lois de la pudeur ;
      Malgré la faveur où nous sommes,
Les honneurs n'ont jamais altéré nos vertus.
      Quelles preuves faut-il de plus ?
      Comment nous croyez-vous des hommes ¹ ?

La morale de cette fable se trouve dans les paroles de l'E-
léphant. Imitons la conduite de ces animaux : Soyons doux,
aimables et caressants ; n'abusons jamais de nos forces ; n'in-
jurions personne ; que la modestie et la pudeur président à
toutes nos actions, et on dira de nous que nous ne sommes
pas des hommes ordinaires, mais des hommes de bien ; et
on nous aimera, on nous respectera comme les éléphants
blancs de Siam.

FABLE XV,

LE LIERRE ET LE THYM ¹,

Que je te plains, petite plante !
Disait un jour le lierre au thym ;
Toujours ramper, c'est ton destin :
Ta tige chétive et tremblante
Sort à peine de terre ; et la mienne dans l'air,
Unie au chêne altier ² que chérit Jupiter ³,

1. L'Eléphant, dans sa réponse au cornac, fait la satire des hommes, et l'éloge des éléphants. D'où il conclut que les Eléphants ne
sont pas des hommes, et qu'on devrait les laisser tranquilles et li-
bres dans les bois.
2. Le LIERRE, vous le savez, est un grand arbrisseau qui a besoin
d'un arbre ou d'une muraille pour se soutenir. Le THYM est une
petite plante odoriférante. Son nom vient d'un mot grec qui veut
dire : *Je parfume.*
3. ALTIER veut dire ici *élevé.*
4. Le chêne était fort honoré chez les anciens, qui l'avaient con-

S'élance avec lui dans la nue[1].

Il est vrai, dit le thym, ta hauteur[2] m'est connue;

Je ne puis sur ce point disputer avec toi :

Mais je me soutiens par moi-même ;

Et sans cet arbre, appui de ta faiblesse extrême,

Tu ramperais plus bas que moi.

Traducteurs, éditeurs[3], faiseurs de commentaires,

Qui nous parlez toujours de grec ou de latin,

Dans vos discours préliminaires[4],

Retenez ce que dit le thym.

Florian, dans ces quatre derniers vers, fait l'application de sa fable aux « traducteurs, éditeurs et faiseurs de commentaires. » Nous croyons que cette gentille fable pouvait très ⸱⸱⸱ se passer de cette apostrophe. Les auteurs sont très-heureux de trouver des *éditeurs* qui consentent à imprimer leurs ouvrages, et les *faiseurs de commentaires* n'ont d'autre but que de faire mieux apprécier les ouvrages qu'ils commentent. C'est dans cette pensée que nous avons ajouté des notes à cette édition des fables de Florian, dans l'intérêt même de l'auteur et des petits enfants qui le lisent. Quant aux *traducteurs*, ils ne méritent pas non plus le reproche que leur fait Florian. Sans eux, nous ne connaîtrions pas les beaux ouvrages écrits dans une langue étrangère. — Pfeffel, fabuliste distingué, a traduit cette fable en vers allemands.

sacré à Jupiter, le roi des dieux. Aussi dit-on quelquefois que le chêne est le roi des arbres.

1. Cette manière de parler est *hyperbolique*, c'est-à-dire exagérée. Le lierre monte très-haut, mais non pas jusque *dans la nue.*

2. Le mot HAUTEUR est ici très-spirituellement employé par le Thym. Il signifie à la fois élévation et orgueil ; mais je doute que le Lierre comprenne cela ; les orgueilleux sont généralement fort sots.

3. On appelle ÉDITEURS ceux qui font imprimer à leurs frais les ouvrages d'autrui.

4. « Dans les discours que vous placez en tête des livres que vous éditez. »

FABLE XVI.

LE CHAT ET LA LUNETTE.

Un chat sauvage et grand chasseur
 S'établit, pour faire bombance [1],
 Dans le parc d'un jeune seigneur
Où lapins et perdrix étaient en abondance.
Là, ce nouveau Nembrod [2], la nuit comme le jour,
A la course, à l'affût également habile,
Poursuivait, attendait, immolait tour à tour
 Et quadrupède et volatile [3].
Les gardes épiaient l'insolent braconnier [4] :
Mais, dans le fort du bois [5], caché près d'un terrier,
 Le drôle trompait leur adresse.
Cependant il craignait d'être pris à la fin,
 Et se plaignait que la vieillesse
 Lui rendît l'œil moins sûr, moins fin.
Ce penser [6] lui causait souvent de la tristesse ;
Lorsqu'un jour il rencontre un petit tuyau noir
Garni par ses deux bouts de deux glaces bien nettes :
 C'était une de ces lunettes
Faites pour l'Opéra, que, par hasard, un soir,
Le maître avait perdue en ce lieu solitaire.
 Le chat d'abord la considère,
La touche de sa griffe, et de l'extrémité
La fait à petits coups rouler sur le côté.

1. *Faire bombance* est une expression familière pour dire manger avec excès.
2. C'est-à-dire: semblable à Nembrod, ou mieux : Nemrod, premier roi de Babylone. La Bible nous apprend qu'il était *grand chasseur*.
3. Les lapins sont des *quadrupèdes*, et les perdrix des *volatiles;* es uns ont *quatre pattes*, les autres *volent*.
4. Le chat est un *braconnier*, puisqu'il chasse sans permission sur les terres d'autrui pour prendre le gibier.
5. « Dans l'endroit le plus épais et le plus reculé du bois. »
6. Ce substantif ne s'emploie qu'en poésie: « cette pensée. »

Court après, s'en saisit, l'agite, la remue,
    Etonné que rien n'en sortît.
Il s'avise à la fin d'appliquer à sa vue
Le verre d'un des bouts[1]; c'était le plus petit.
Alors il aperçoit sous la verte coudrette
Un lapin que ses yeux tout seuls ne voyaient pas.
Ah! quel trésor! dit-il en serrant sa lunette[2],
Et courant au lapin qu'il croit à quatre pas.
Mais il entend du bruit; il reprend sa machine,
S'en sert par l'autre bout, et voit dans le lointain
    Le garde qui vers lui chemine.
    Pressé par la peur, par la faim[3],
    Il reste un moment incertain,
Hésite, réfléchit, puis de nouveau regarde :
Mais toujours le gros bout lui montre loin le garde,
Et le petit tout près lui fait voir le lapin.
Croyant avoir le temps, il va manger la bête;
Le garde est à vingt pas qui vous l'ajuste au front[4],
    Lui met deux balles dans la tête,
    Et de sa peau fait un manchon.
    Chacun de nous a sa lunette
    Qu'il retourne suivant l'objet:
    On voit là-bas ce qui déplaît,
    On voit ici ce qu'on souhaite.

Chacun de nous a sa lunette, c'est-à-dire chacun de nous a sa manière de voir. Comme le chat de la fable, nous croyons que les objets qui nous plaisent sont tout près de nous et

1. Les deux bouts de la lunette ne sont pas d'égale dimension. Quand on regarde par le petit, les objets apparaissent plus grands et plus rapprochés ; quand, au contraire, on regarde par le gros bout, les objets apparaissent plus petits et plus éloignés qu'ils ne sont en réalité. La physique donne l'explication de ces faits, mais notre chat n'avait point étudié la physique.
2. « En mettant de côté sa lunette. »
3. Le garde lui fait peur, mais le lapin excite sa faim.
4. « Qui l'ajuste au front. » Le pronom *vous* est ici inutile. C'est une manière de parler aussi commune en français, et qui nous vient du grec.

faciles à prendre; quant aux objets qui nous déplaisent, nous les voyons plus loin qu'ils ne sont réellement, et, lorsqu'ils sont dangereux, nous espérons toujours avoir le temps de les éviter. Qu'arrive-t-il? ce que nous souhaitions nous échappe, et nous sommes trop souvent victimes du danger qui nous menace, et que nous ne fuyons pas assez tôt.

Cette fable nous montre que les coupables sont toujours punis. Ceux qui contreviennent à la loi, comme les braconniers, finissent toujours par être supris par les gardes, qui les conduisent devant le juge, et celui-ci les condamne à l'amende et même à la prison.

FABLE XVII.

LE JEUNE HOMME ET LE VIEILLARD,

DE grâce, apprenez-moi comment l'on fait fortune,
Demandait à son père un jeune ambitieux.
Il est, dit le vieillard, un chemin glorieux :
C'est de se rendre utile à la cause commune,
De prodiguer ses jours, ses veilles, ses talents
  Au service de la patrie.
  — Oh! trop pénible est cette vie [1];
  Je veux des moyens moins brillants.
—Il en est de plus sûrs, l'intrigue [2]... — Elle est trop
Sans vice et sans travail je voudrais m'enrichir. [vile.
  — Eh bien! sois un simple imbécile [3];
  J'en ai vu beaucoup réussir.

Cette fable est une boutade de l'auteur, qui est indigné de voir des gens, fort peu intelligents d'ailleurs, acquérir de grandes richesses, tandis que bien des hommes d'esprit restent toujours pauvres. Profitons cependant de la leçon que le vieillard nous donne, au début de la fable : rendons-nous *utiles* à tous; consacrons nos forces à faire le bonheur de

---

1. « Cette vie est trop pénible. » Inversion.
2. Le fils ne laisse pas achever la phrase commencée (ce que l'imprimeur a indiqué par trois points...)
3. « Sois tout simplement un imbécile. »

nos parents et de nos concitoyens. Ne disons pas comme le jeune homme, que cela est *pénible*; non ! mais répétons avec lui que nous ne voulons pas arriver à la fortune par l'*intrigue*, c'est-à-dire par des moyens secrets et coupables. Nous nous connaissons trop bien d'ailleurs pour nous croire des imbéciles. Il ne nous reste donc qu'un parti à prendre, un *chemin* à suivre : celui qui par le travail mène à la véritable richesse, c'est-à-dire à la considération, à l'honneur, à la gloire.

FABLE XVIII.

LA TAUPE ET LES LAPINS.

Chacun de nous souvent connaît bien ses défauts;
    En convenir, c'est autre chose[1]:
On aime mieux souffrir de véritables maux,
    Que d'avouer qu'ils en sont cause.
    Je me souviens à ce sujet
    D'avoir été témoin d'un fait
Fort étonnant et difficile à croire[2];
    Mais je l'ai vu; voici l'histoire :

    Près d'un bois, le soir, à l'écart,
    Dans une superbe prairie,
Des lapins s'amusaient, sur l'herbette fleurie,
    A jouer au colin-maillard.
Des lapins! direz-vous, la chose est impossible.
Rien n'est plus vrai, pourtant : une feuille flexible
Sur les yeux de l'un d'eux en bandeau s'appliquait,
    Et puis sous le cou se nouait.
    Un instant en faisait l'affaire[3].
Celui que ce ruban privait de la lumière
Se plaçait au milieu; les autres alentour

1. « Mais personne ne veut en convenir. »
2. Florian veut dire par là qu'il a vu des gens à qui cette fable peut s'appliquer; nous le croyons facilement.
3. « Cela se faisait en un instant. »

Sautaient, dansaient, faisaient merveilles,
S'éloignaient, venaient tour à tour
Tirer sa queue ou ses oreilles.
Le pauvre aveugle alors, se retournant soudain,
Sans craindre pot au noir[1], jette au hasard la patte;
  Mais la troupe échappe à la hâte :
Il ne prend que du vent[2]; il se tourmente en vain;
  Il y sera jusqu'à demain.
    Une taupe assez étourdie,
    Qui sous terre entendit ce bruit,
    Sort aussitôt de son réduit,
    Et se mêle dans la partie.
    Vous jugez que, n'y voyant pas,
    Elle fut prise au premier pas.
Messieurs, dit un lapin, ce serait conscience[3],
Et la justice veut qu'à notre pauvre sœur
    Nous fassions un peu de faveur,
    Elle est sans yeux[4] et sans défense :
Ainsi je suis d'avis... — Non, répond avec feu
La taupe, je suis prise, et prise de bon jeu;
Mettez-moi le bandeau. — Très-volontiers, ma chère,
Le voici : mais je crois qu'il n'est pas nécessaire
    Que nous serrions le nœud bien fort.
— Pardonnez-moi, monsieur, reprit-elle en colère;
Serrez bien, car j'y vois... Serrez, j'y vois encor.

Comme le fabuliste l'a dit, au début de la fable, nous
n'aimons pas à convenir de nos défauts. La Taupe n'y voit
presque pas, mais elle ne veut pas en convenir. Elle aime

---

1. On dit proverbialement: « donner dans le pot au noir, pour
dire : tomber dans un piège. »
2. Charmante expression pour dire: il ne prend rien du tout. Elle
rappelle ce mot de La Fontaine :
  Qu'en sort-il souvent?
  Du vent.
3. « Ce ne serait pas bien. » Je me serais fait scrupule de traiter
a taupe en lapin ; car elle est presque aveugle.
4. Les yeux de la taupe sont si petits qu'on ne les voit pas. Aussi
a-t-on longtemps pensé qu'elle n'en avait pas.

mieux avoir la tête serrée, serrée bien fort, que d'avouer son
infirmité. L'imiterons-nous? Oh! non. Rappelons-nous ce
proverbe : *Un défaut avoué est à demi pardonné.* Le mieux
est de nous en corriger au plus tôt.

FABLE XIX.

LE ROSSIGNOL ET LE PRINCE.

Un jeune prince, avec son gouverneur,
    Se promenait dans un bocage,
    Et s'ennuyait, suivant l'usage :
    C'est le profit de la grandeur [1].
Un rossignol chantait sous le feuillage :
Le prince l'aperçoit, et le trouve charmant [2];
Et, comme il était prince, il veut dans le moment
    L'attraper et le mettre en cage.
    Mais pour le prendre il fait du bruit,
      Et l'oiseau fuit.
Pourquoi donc, dit alors son altesse en colère,
    Le plus aimable des oiseaux
Se tient-il dans les bois, farouche et solitaire,
Tandis que mon palais est rempli de moineaux [3]?
C'est, lui dit le Mentor [4], afin de vous instruire
    De ce qu'un jour vous devez éprouver [5]:

1. Les fils des grands et des princes s'ennuient, parce qu'on ne
les laisse pas jouer en liberté ; les grands, les princes s'ennuient,
parce qu'ils sont continuellement accablés par les soins de leurs
charges et de leurs honneurs.

2. Ce n'est pas que le plumage du rossignol soit beau ; il est de
couleur sombre, mais chacun de nous sait que le chant de cet
oiseau est charmant ; on ne peut se lasser de l'entendre, dans les
belles nuits du printemps.

3. Les moineaux sont francs, hardis, insatiables ; pour trouver
leur nourriture, ils pénètrent partout.

4. Mentor était l'ami d'Ulysse. Minerve, déesse de la sagesse, prit
la figure de Mentor pour accompagner le jeune Télémaque et lui donner de bons conseils. C'est pour cela qu'on appelle Mentor, un gouverneur sage, un maître bienveillant qui sert de guide à la jeunesse et
veille à son éducation.

5. « De ce que vous connaîtrez plus tard par expérience. »

Les sots savent tous se produire ;
Le mérite se cache, il faut l'aller trouver.

Le véritable mérite est toujours accompagné de la modestie. Les orgueilleux croient tout savoir ; ils s'imaginent être
plus intelligents que les autres ; ils se jugent capables de
remplir tous les emplois. Les hommes modestes, au contraire, sont, avant tout, laborieux. Plus ils étudient, plus ils
s'aperçoivent qu'ils ont encore beaucoup à étudier. Ils travaillent sans bruit, dans le silence de la retraite ; ils ne se
croient pas dignes des honneurs et des récompenses. Aussi,
comme le Rossignol de cette fable, il faut les *aller trouver;* ce
qui n'est pas toujours facile. C'est de là sans doute que vient
l'expression : nous avons enfin *déniché* un homme de talent,
c'est-à-dire nous l'avons trouvé après bien des recherches.
Je ne puis résister au désir de vous citer à cette occasion,
mes petits amis, le nom de *Vauban,* cet ingénieur célèbre,
dont la modestie égala le talent, et qu'on a surnommé le
grand patriote. Le cardinal de Mazarin l'avait su découvrir.
Sous le règne de Louis XIV, son mérite l'éleva aux plus hauts
grades. On a calculé qu'il avait travaillé aux fortifications
de plus de trois cents villes, et qu'il en avait construit trente-
trois nouvelles. Profondément dévoué au bien public, jamais
il ne demanda rien pour lui-même, et quand Louis XIV voulut le nommer maréchal, il fit tous ses efforts pour l'en dé-
tourner, disant que ce serait nuire au bien du service, parce
que son nouveau grade ne lui permettrait plus de servir sous
un général. — Quel bel exemple de modestie et de désinté-
ressement ! N'est-ce pas que j'ai eu raison de vous rappeler
le souvenir de ce grand homme? Heureux les princes qui
savent découvrir le mérite qui se cache ! Heureux les enfants qui se proposent de ressembler au charmant oiseau
de la fable, au célèbre ingénieur de l'histoire.

FABLE XX.

L'AVEUGLE ET LE PARALYTIQUE [1].

Aidons-nous mutuellement,
La charge des malheurs en sera plus légère ;

1. Un *paralytique* est un homme atteint de *paralysie,* maladie qui
prive les membres du corps de mouvement ou de sentiment. Celui

Le bien que l'on fait à son frère [1]
Pour le mal que l'on souffre est un soulagement.
Confucius l'a dit [2]; suivons tous sa doctrine [3].
Pour la persuader aux peuples de la Chine,
    Il leur contait le trait suivant.
     Dans une ville de l'Asie
    Il existait deux malheureux,
L'un perclus [4], l'autre aveugle, et pauvres tous les
Ils demandaient au ciel de terminer leur vie : [deux.
    Mais leurs cris étaient superflus,
Ils ne pouvaient mourir [5]. Notre paralytique,
Couché sur un grabat [6] dans la place publique,
Souffrait sans être plaint ; il en souffrait bien plus.
    L'aveugle, à qui tout pouvait nuire,
    Était sans guide, sans soutien,
    Sans avoir même un pauvre chien
    Pour l'aimer et pour le conduire [7].
    Un certain jour, il arriva
Que l'aveugle à tâtons, au détour d'une rue,

dont parle le fabuliste avait les jambes *paralysées*, c'est-à-dire privées de mouvement.

1. « A son prochain. »

2. *Confucius* est un philosophe chinois, qui vécut cinq siècles environ avant Jésus-Christ. Comme Socrate, chez les Grecs, il a donné à ses concitoyens de bons préceptes de sagesse et de morale.

3. La doctrine chrétienne est beaucoup plus parfaite que celle du législateur chinois. Mais Florian veut nous montrer que les plus sages des païens ont recommandé aux hommes d'aider leurs semblables. Cette recommandation est une des plus touchantes de l'Évangile : « Nous devons non-seulement aider et secourir nos frères, mais les aimer de tout notre cœur ; nous devons même faire du bien à ceux qui nous ont fait du mal, et Dieu sera lui-même notre récompense. »

4. « L'un ne pouvait plus se tenir sur les jambes. »

5. Les chrétiens ne doivent pas demander à Dieu de terminer leur vie quand ils sont malheureux ; ils doivent supporter le malheur avec résignation.

6. Un grabat est un lit pauvre et méchant.

7. Nous avons tous déjà pu observer avec quelle sollicitude le chien de l'aveugle conduit son maître dans les rues, et semble implorer pour lui la compassion des passants.

Près du malade se trouva ;
Il entendit ses cris, son âme en fut émue.
Il n'est tels que les malheureux
Pour se plaindre les uns les autres [1].
J'ai mes maux, lui dit-il, et vous avez les vôtres ;
Unissons-les, mon frère, ils seront moins affreux.
Hélas ! dit le perclus, vous ignorez, mon frère,
Que je ne puis faire un seul pas :
Vous-même vous n'y voyez pas :
A quoi nous servirait d'unir notre misère ?
A quoi ? répond l'aveugle ; écoutez : à nous deux
Nous possédons le bien à chacun nécessaire [2] ;
J'ai des jambes, et vous des yeux :
Moi, je vais vous porter ; vous, vous serez mon guide
Vos yeux dirigeront mes pas mal assurés ;
Mes jambes, à leur tour, iront où vous voudrez.
Ainsi, sans que jamais notre amitié décide
Qui de nous deux remplit le plus utile emploi,
Je marcherai pour vous, vous y verrez pour moi.

Le discours de l'aveugle au paralytique témoigne d'un bon cœur ; non-seulement il a compassion du pauvre perclus, mais il lui offre le moyen de quitter le grabat où il souffr.. Il le portera dans ses bras ; il lui donnera tout ce dont il a besoin. De son côté, le paralytique sera le guide de l'aveugle. L'amitié, que ces mutuels services établiront et conserveront dans leurs cœurs, leur sera bien douce, car, selon la belle expression du fabuliste :

Le bien que l'on fait à son frère
Pour le mal que l'on souffre est un soulagement.

Mais cette fable ne s'adresse pas seulement aux malheureux ; elle renferme une grande leçon dont tous les hommes, et surtout les petits enfants, doivent profiter. Que deviendraient-ils, si l'on n'avait pas pitié de leur faiblesse ! Ils mour-

1. « Les malheureux savent par expérience combien il est doux d'être plaints. » C'est pour cela qu'ils compatissent volontiers aux souffrances d'autrui.
2. « Chacun de nous possède ce qui manque à l'autre. »

raient de froid et de faim. Mais leur mère est là qui les
réchauffe dans ses bras, qui les nourrit de son lait. Aussi,
dès leur premier âge, doivent-ils, en retour des soins ma-
ternels, consacrer leur amour au bonheur de leurs parents.
Plus tard, lorsque, pour apprendre les sciences et les lettres,
ils sont placés dans une maison d'éducation avec d'autres
enfants, aussi tristes qu'eux d'avoir quitté le toit paternel, ils
doivent se rappeler chaque jour les premiers vers de cette
fable : *Aidons-nous mutuellement;* alors leurs chagrins deviendront *plus légers.* Les petits services qu'ils rendent à
leurs camarades, la bonne affection qu'ils leur témoignent,
leur feront oublier tous les petits désagréments de la pension, et ils passeront des jours heureux. Car on fait son
bonheur en faisant le bonheur des autres.

FABLE XXI.

L'ENFANT ET LE DATTIER [1].

Non loin des rochers de l'Atlas [2],
Au milieu des déserts où cent tribus errantes
Promènent au hasard leurs chameaux et leurs ten- [les [3],
Un jour, certain enfant précipitait ses pas [4].
C'était le jeune fils de quelque musulmane
      Qui s'en allait en caravane [5].
Quand sa mère dormait, il courait le pays.

1. Le dattier est un palmier qui porte des dattes, petit fruit
rond et succulent dont l'Algérie fait un grand commerce. C'est un
arbre des pays chauds.
2. L'Atlas n'a point proprement de rochers. C'est une chaîne de
montagnes qui parcourt l'Algérie de l'Ouest à l'Est. Au pied de ces
montagnes, s'étendent des plaines où poussent les palmiers qu'on
appelle dattiers.
3. Depuis que Florian a écrit cette fable, l'Algérie a été conquise
par la France. Ce pays appartenait avant 1830 à un *dey* ou seigneur musulman. Les Arabes qui habitent les oasis des déserts, cultivent les arbres fruitiers.
4. On dirait plus simplement en prose : « Certain enfant courait. »
5. Une *caravane* est une troupe de voyageurs ou de marchands
qui se réunissent pour traverser les déserts.

Dans un ravin profond, loin de l'aride plaine [1],
  Notre enfant trouve une fontaine ;
Auprès, un beau dattier tout couvert de ses fruits.
O quel bonheur ! dit-il ; ces dattes, cette eau claire,
M'appartiennent ; sans moi, dans ce lieu solitaire,
  Ces trésors cachés, inconnus,
  Demeuraient à jamais perdus.
Je les ai découverts, ils sont ma récompense.
Parlant ainsi, l'enfant vers le dattier s'élance [2],
Et jusqu'à son sommet tâche de se hisser.
  L'entreprise était périlleuse :
L'écorce, tantôt nue et tantôt raboteuse,
Lui déchirait les mains, ou les faisait glisser.
Deux fois il retomba ; mais, d'une ardeur nouvelle,
  Il recommence de plus belle,
  Et parvient enfin, haletant,
  A ces fruits qu'il désirait tant.
  Il se jette alors sur les dattes,
Se tenant d'une main, de l'autre fourrageant [3],
  Et mangeant
  Sans choisir les plus délicates.
  Tout à coup voilà notre enfant
  Qui réfléchit et qui descend [4].
  Il court chercher sa bonne mère,
  Prend avec lui son jeune frère,
Les conduit au dattier. Le cadet incliné,
  S'appuyant au tronc qu'il embrasse,
  Présente son dos à l'aîné [5] ;
  L'autre y monte, et de cette place,

1. « Dans une oasis. » Un *ravin* est un chemin creusé par les eaux. Loin de l'aride plaine, c'est-à-dire loin des sables du désert.
2. « En parlant ainsi, l'enfant monte sur le dattier. »
3. Cueillant, ravageant.
4. Ce second mouvement vaut mieux que le premier. Il eût été plus gentil de la part de l'enfant d'aller immédiatement prévenir sa mère, avant de cueillir et de manger seul de si bons fruits.
5. Cela s'appelle en style ordinaire *faire la courte échelle.*

Libre de ses deux bras, sans efforts, sans danger,
Cueille et jette les fruits ; la mère les ramasse,
Puis sur un linge blanc prend soin de les ranger.
La récolte achevée, et la nappe étant mise,
    Les deux frères tranquillement,
Souriant à leur mère au milieu d'eux assise,
Viennent au bord de l'eau faire un repas charmant.
De la société ceci nous peint l'image :
Je ne connais de biens que ceux que l'on partage.
Cœurs dignes de sentir le prix de l'amitié,
    Retenez cet ancien adage [1] :
    Le tout ne vaut pas la moitié.

Le fable précédente nous avait déjà offert l'occasion de constater combien il est doux d'aimer, d'aider et de soulager son prochain. Les chers enfants pour qui nous écrivons ces lignes, savent, par expérience, ce que Florian nous enseigne par la fable de l'Enfant et du Dattier. Lorsqu'ils ont de l'argent et qu'ils achètent des fruits, leur premier soin est d'en faire part à leurs camarades. On montre au doigt, on flétrit du nom odieux de Gourmand, l'enfant qui mange seul des friandises, sans en donner aux autres. Celui-là ne sait pas que les bonbons qu'on partage sont de beaucoup meilleurs parce qu'alors l'estomac n'est pas seul satisfait, mais aussi le cœur qui savoure le plaisir d'avoir rendu les autres contents. Retenons donc cet ancien adage, que nous cite le fabuliste : *Le tout ne vaut pas la moitié,* et complétons-le par cet autre non moins beau : *On double son bonheur en le partageant.*

1. « Proverbe. »

FIN DU LIVRE PREMIER

LIVRE SECOND

FABLE I.

LA MÈRE, L'ENFANT, ET LES SARIGUES [1].

MAMAN, disait un jour à la plus tendre mère
Un enfant péruvien [2] sur ses genoux assis [3],
Quel est cet animal qui, dans cette bruyère [4]
    Se promène avec ses petits ?
Il ressemble au renard [5]. Mon fils, répondit-elle,
    Du sarigue c'est la femelle [6] ;
    Nulle mère pour ses enfants
N'eut jamais plus d'amour, plus de soins vigilants.
La Nature [7] a voulu seconder sa tendresse,
    Et lui fit près de l'estomac
Une poche profonde, une espèce de sac
    Où ses petits, quand un danger les presse,
    Vont mettre à couvert leur faiblesse [8].
Fais du bruit, tu verras ce qu'ils vont devenir.

1. LES SARIGUES sont des quadrupèdes qu'on nomme *marsupiaux*, et qui ont une sorte de poche, destinée à contenir les petits pendant les premiers temps qui suivent leur naissance. Ces animaux sont en grand nombre à la *Nouvelle-Hollande* (Océanie).
2. Du Pérou, contrée de l'Amérique méridionale, où l'on trouve aussi des sarigues.
3. « Assis sur ses genoux, » inversion.
4. « Dans cette plaine où croissent des bruyères. »
5. Le sarigue diffère du renard par la sorte de poche dont nous avons parlé (note 1), et aussi par les pattes de derrière, qui sont beaucoup plus longues que celles de devant, comme chez les chats et les lapins.
6. « C'est la femelle du sarigue ; » inversion.
7. C'est Dieu, auteur de la nature, c'est-à-dire créateur de tout ce qui existe dans l'univers, qui a donné à la sarigue sa *tendresse* maternelle et la *poche profonde* où cet animal met ses petits à couvert.
8. « Leurs corps encore faibles. »

L'enfant frappe des mains : la sarigue attentive
      Se dresse, et d'une voix plaintive
Jette un cri; les petits aussitôt d'accourir[1],
      Et de s'élancer vers la mère,
En cherchant dans son sein leur retraite ordinaire.
      La poche s'ouvre ; les petits
      En un moment y sont blottis[2],
Et disparaissent tous ; la mère avec vitesse
      S'enfuit, emportant sa richesse[3].
La Péruvienne alors dit à l'enfant surpris :
      Si jamais le sort t'est contraire[4],
Souviens-toi du sarigue, imite-le, mon fils :
L'asile le plus sûr est le sein d'une mère.

Il est bien vrai que pour l'enfant, comme pour l'homme, *l'asile le plus sûr est le sein de sa mère.* Heureux ceux à qui le bon Dieu garde une mère! C'est dans son cœur qu'ils viennent déposer leurs chagrins; c'est dans ses bras qu'ils trouvent un asile contre le malheur. Elle essuie leurs larmes, elle écarte le danger. La Sarigue, dont nous parle Florian, est donc l'emblème de l'amour maternel. Elle nous donne un exemple des *soins vigilants* dont une mère a entouré notre enfance. C'est que nous sommes *sa richesse.* Une mère, en effet, regarde ses enfants comme son bien le plus précieux; elle les préfère à toutes les richesses de la terre.— Un jour, plusieurs dames romaines se montraient leurs bijoux, leurs pierreries. L'une d'elles n'en avait point, c'était *Cornélie,* la fille du grand Scipion, la mère des *Gracques.* Elle fit avancer *Tiberius* et *Caius,* ses fils, encore enfants, et s'écria : « Voilà mes bijoux, voilà ma richesse! »

J'ai dit : « Heureux ceux à qui le bon Dieu garde une mère.» Mais que ceux qui n'ont plus de mère sur la terre pensent à leur mère qui est dans les cieux. C'est MARIE elle-même, la mère de Dieu, qui est notre mère à tous; car *Jésus,* sur la

1. « Les petits se mettent aussitôt à accourir.»
2. « Cachés. » *Blottis* est une expression qui fait image. Quand on a peur, on se fait tout petit, tout petit; on voudrait rentrer en soi-même.
3. « Ses enfants qui font sa richesse. »
4. « Si tu deviens malheureux un jour. » LE SORT, c'est-à-dire *ce qui arrive,* la succession des événements de la vie.

croix, nous a dit en la montrant à saint Jean, son disciple bien-aimé : « Voilà votre mère ! » Invoquons-la dans nos peines ; adressons-lui nos vœux et nos prières ; réfugions-nous dans son sein, lorsque le danger nous menace : car *jamais on n'a entendu dire qu'elle ait abandonné* ceux qui ont eu recours à sa puissante protection.

FABLE II.

LE VIEUX ARBRE ET LE JARDINIER.

Un jardinier, dans son jardin,
Avait un vieux arbre stérile :
C'était un grand poirier qui jadis fut fertile,
Mais il avait vieilli, tel est notre destin.
Le jardinier ingrat veut l'abattre un matin ;
Le voilà qui prend sa cognée.
Au premier coup l'arbre lui dit :
Respecte mon grand âge, et souviens-toi du fruit
Que je t'ai donné chaque année.
La mort va me saisir, je n'ai plus qu'un instant ;
N'assassine pas un mourant
Qui fut ton bienfaiteur. — Je te coupe avec peine,
Répond le jardinier ; mais j'ai besoin de bois.
Alors, gazouillant à la fois,
De rossignols une centaine [1]
S'écrie : Epargne-le, nous n'avons plus que lui ;
Lorsque ta femme vient s'asseoir sous son ombrage,
Nous la réjouissons par notre doux ramage ;
Elle est seule souvent, nous charmons son ennui.
Le jardinier les chasse, et rit de leur requête ;
Il frappe un second coup. D'abeilles un essaim [2]

1. « Une centaine de rossignols. » — C'est une manière de parler commune aux poëtes ; nous dirions en prose : beaucoup d'*oiseaux chanteurs*.
2. « Un essaim d'abeilles. »

Sort aussitôt du tronc, en lui disant : Arrête,
    Ecoute-nous, homme inhumain[1] :
    Si tu nous laisses cet asile,
    Chaque jour nous te donnerons
Un miel délicieux, dont tu peux à la ville
    Porter et vendre les rayons :
Cela te touche t-il ? — J'en pleure de tendresse[2],
    Répond l'avare jardinier :
Eh ! que ne dois-je pas à ce pauvre poirier
    Qui m'a nourri dans sa jeunesse[3] ?
Ma femme quelquefois vient ouïr ces oiseaux ;
C'en est assez pour moi[3] : qu'ils chantent en repos.
Et vous, qui daignerez augmenter mon aisance,
Je v···x pour vous de fleurs semer tout le canton[4].
Cela dit, il s'en va, sûr de sa récompense,
    Et laisse vivre le vieux tronc.

    Comptez sur la reconnaissance,
    Quand l'intérêt vous en répond.

Ce Jardinier, qui se sent pris tout d'un coup d'une vive tendresse pour le vieil arbre dont il a autrefois mangé les fruits, est un homme ingrat et avare, qui ne songe qu'à son propre intérêt. Malheureusement beaucoup d'hommes lui ressemblent ; il ne sont reconnaissants qu'autant que cela convient à leur intérêt. Comme lui, ils n'osent avouer leur ingratitude ; mais, sous le voile de leurs paroles mensongères, il est facile de reconnaître la perversité de leur cœur.

1. « Homme qui n'est pas homme, qui n'a pas un cœur d'homme. »
2. Ce n'est pas de tendresse qu'il pleure ; cet avare jardinier, c'est de l'espoir du miel qu'il ira vendre à la ville, et pour lequel il recevra de beaux écus sonnants.
3. Il ne veut pas avouer la véritable raison qui lui fait épargner le vieux poirier.
4. Les abeilles aiment les fleurs, dont elles font le miel et la cire de leurs rayons.

FABLE III.

LA BREBIS ET LE CHIEN.

La brebis et le chien, de tous les temps amis,
Se racontaient un jour leur vie infortunée.
Ah ! disait la brebis, je pleure et je frémis
Quand je songe aux malheurs de notre destinée.
Toi, l'esclave de l'homme, adorant des ingrats,
    Toujours soumis, tendre et fidèle,
    Tu reçois, pour prix de ton zèle,
    Des coups, et souvent le trépas [1].
    Moi, qui tous les ans les habille [2],
Qui leur donne du lait et qui fume leurs champs [3],
Je vois chaque matin quelqu'un de ma famille [4]
    Assassiné par ces méchants.
Leurs confrères les loups dévorent ce qui reste.
    Victimes de ces inhumains [5],
Travailler pour eux seuls, et mourir par leurs mains [6],
    Voilà notre destin funeste ! —
Il est vrai, dit le chien : mais crois-tu plus heureux
    Les auteurs de notre misère ?
    Va, ma sœur, il vaut encor mieux
    Souffrir le mal que de le faire.

Le Chien a raison : ceux qui, pour satisfaire à leur propre

1. Le chien est en effet le fidèle serviteur, l'ami dévoué de l'homme ; mais, comme Florian nous l'a déjà dit (liv. Ier, fab. xi), pour prix de son zèle, il reçoit parfois des coups de bâton et même la mort.
2. Les cultivateurs enlèvent *tous les ans* la laine aux brebis, et cette laine sert à faire les étoffes dont l'homme *s'habille*.
3. Les bergers promènent leurs troupeaux dans les champs, que ce passage rend plus fertiles.
4. Les béliers, les brebis, les agneaux sont de la famille des moutons.
5. « Victimes de ces hommes qui n'ont aucune pitié. » *Inhumain* est ici pris substantivement.
6. La forme de cette phrase est elliptique : *nous sommes destinés à travailler pour eux seuls*.

intérêt, font tort aux autres, ne sont pas heureux ; le souvenir
du mal qu'ils ont fait les tourmente et les poursuit : mais
ceux qui souffrent le mal. trouvent dans leur conscience
les plus douces consolations. Aussi les innocents persécutés
sont-ils réellement plus heureux que leurs persécuteurs.
Cette morale est celle que nous enseigne l'Évangile : « Bienheureux, dit Notre-Seigneur Jésus-Christ, bienheureux ceux
qui souffrent persécution pour la justice, car le royaume des
cieux leur appartient. » D'un autre côté, il n'est pas moins
certain que Dieu punira dans ce monde ou dans l'autre les
hommes injustes.

FABLE IV.

LE BON HOMME ET LE TRÉSOR.

Un bon homme de mes parents,
   Que j'ai connu dans mon jeune âge,
Se faisait adorer de tout son voisinage ;
Consulté, vénéré des petits et des grands,
Il vivait dans sa terre en véritable sage.
   Il n'avait pas beaucoup d'écus,
Mais cependant assez pour vivre dans l'aisance ;
   En revanche, force vertus [1],
   Du sens, de l'esprit par-dessus,
Et cette aménité que donne l'innocence.
   Quand un pauvre venait le voir,
S'il avait de l'argent, il donnait des pistoles [2] ;
Et, s'il n'en avait point, du moins par ses paroles
Il lui rendait un peu de courage et d'espoir.
   Il raccommodait les familles,
Corrigeait doucement les jeunes étourdis,
   Riait avec les jeunes filles,
   Et leur trouvait de bons maris.

1 Le mot FORCE, employé adverbialement, n'a ni genre ni nombre,
et signifie *beaucoup de*.

2. Les PISTOLES sont des monnaies étrangères. Certains marchands
en France disent encore *vingt pistoles* au lieu de dire *deux cents
francs*, la pistole équivalant à dix francs.

Indulgent aux défauts des autres,
Il répétait souvent : N'avons-nous pas les nôtres ?
Ceux-ci sont nés boiteux, ceux-là sont nés bossus,
    L'un un peu moins, l'autre un peu plus.
    La nature de cent manières
Voulut nous affliger : marchons ensemble en paix,
    Le chemin est assez mauvais,
    Sans nous jeter encor des pierres[1].
    Or il arriva certain jour
Que notre bon vieillard trouva dans une tour
    Un trésor caché sous la terre.
    D'abord il n'y voit qu'un moyen
    De pouvoir faire plus de bien[2] ;
    Il le prend, l'emporte, et le serre.
Puis, en réfléchissant, le voilà qui se dit :
Cet or que j'ai trouvé ferait plus de profit,
    Si j'en augmentais mon domaine ;
J'aurais plus de vassaux, je serais plus puissant.
Je peux mieux faire encor : dans la ville prochaine
Achetons une charge, et soyons président.
    Président ! cela vaut la peine.
Je n'ai pas fait mon droit[3], mais, avec mon argent,
On m'en dispensera, puisque cela s'achète[4].
    Tandis qu'il rêve et qu'il projette,
    Sa servante vient l'avertir
    Que les jeunes gens du village
Dans la cour du château sont à se divertir.
    Le dimanche, c'était l'usage,

1. Ce bon vieillard est un modèle de tolérance. Quelle indulgence il a pour les défauts d'autrui ! — Imitons-le dans notre conduite, et *ne jetons jamais de pierres* à personne. *Jeter des pierres* à quelqu'un, c'est le blâmer, le critiquer.
2. La première idée est presque toujours la bonne.
3. « Je n'ai pas fréquenté les écoles où on enseigne le droit, la jurisprudence. »
4. Les écus ne donnent pas la science. — Autrefois les *charges*, c'est-à-dire les fonctions de juge, de président s'achetaient.

Le seigneur se plaisait à danser avec eux.
Oh! ma foi, répond-il, j'ai bien d'autres affaires.
Que l'on danse sans moi. L'esprit plein de chimères,
Il s'enferme tout seul pour se tourmenter mieux.
    Ensuite il va joindre à sa somme
Un petit sac d'argent, reste du mois dernier.
    Dans l'instant, arrive un pauvre homme
    Qui, tout en pleurs, vient le prier
De vouloir lui prêter vingt écus pour sa taille[1] :
Le collecteur[2], dit-il, va me mettre en prison,
    Et n'a laissé dans ma maison
    Que six enfants sur de la paille.
Notre nouveau Crésus[3] lui répond durement
    Qu'il n'est point en argent comptant[4].
Le pauvre malheureux le regarde, soupire,
    Et s'en retourne sans mot dire.
Mais il n'était pas loin, que notre bon seigneur
    Retrouve tout à coup son cœur;
    Il court au paysan, l'embrasse,
    De cent écus lui fait le don,
    Et lui demande encor pardon.
Ensuite, il fait crier que sur la grande place
Le village assemblé se rende dans l'instant.
    On obéit; notre bon homme[5]
    Arrive avec toute sa somme,
    En un seul monceau la répand.
Mes amis, leur dit-il, vous voyez cet argent :

1. Voyez la note 3 de la page 10.
2. Le COLLECTEUR recueillait les impôts. On dit aujourd'hui *percepteur*.
3. CRÉSUS, roi de Lydie, avait amassé tant de richesses, que son nom se donne aux hommes très-riches.
4. « Qu'il n'a pas d'argent comptant. » — Expression à remarquer.
5. L'expression *bon homme* est ici prise dans son acception naturelle. En d'autres cas, elle signifie un homme de peu d'esprit et facile à tromper.

Depuis qu'il m'appartient, je ne suis plus le même,
Mon âme est endurcie, et la voix du malheur [1]
   N'arrive plus jusqu'à mon cœur.
Mes enfants, sauvez-moi de ce péril extrême,
Prenez et partagez ce dangereux métal ;
Emportez votre part chacun dans votre asile.
Entre tous divisé, cet or peut être utile :
Réuni chez un seul, il ne fait que du mal.
   Soyons contents du nécessaire,
Sans jamais souhaiter de trésors superflus :
Il faut les redouter autant que la misère ;
   Comme elle ils chassent les vertus.

Cette fable est un petit *drame* bien intéressant. Qui n'aimerait, *au premier acte*, cet homme bon qui fait la joie de tout le pays, qui est le bienfaiteur des pauvres, le Mentor de la jeunesse, l'arbitre de tous les différends, l'ami, le conseiller de toutes les familles. Nous le retrouvons, *au second acte*, solitaire, rêveur, inquiet; l'or a fait naître dans son cœur l'ambition, et en chasse toutes les vertus. Lui, si bon, si généreux autrefois, il repousse durement ceux qui ont recours à lui; il descend jusqu'à mentir honteusement! Quel changement de caractère! — Et quelle est la cause de cette ruine morale? — L'amour de l'argent. Nous sommes heureux de retrouver notre bon homme, *au troisième acte;* de le retrouver guéri de son ambition, de son avarice, de sa dureté passagère. Qu'il répare bien un moment d'erreur! Il court au pauvre qu'il a rebuté, il lui fait un don considérable, et lui demande pardon de lui avoir parlé si durement. S'il est beau de ne point faire le mal, il est beau aussi de savoir le réparer, surtout à la façon du bon seigneur de cette fable. Ah! comme lui, répétons que trop souvent les richesses endurcissent le cœur, et qu'il faut savoir se contenter du nécessaire. Les moralistes chrétiens et les philosophes de l'antiquité sont unanimes sur ce point. Les poëtes ont chanté ces maximes sur tous les tons. « A quels excès n'entraînes-tu pas les hommes, maudit amour de l'or? » s'écriait Virgile. Lisez la fable de la Fontaine : *Le Savetier et le Financier.*

1. « La voix des malheureux. »

FABLE V.

LE TROUPEAU DE COLAS.

Dès la pointe [1] du jour, sortant de son hameau,
Colas, jeune pasteur d'un assez beau troupeau
    Le conduisait au pâturage.
    Sur sa route il trouve un ruisseau
Que, la nuit précédente, un effroyable orage
Avait rendu torrent [2] : comment passer cette eau?
Chien, brebis et berger, tout s'arrête au rivage.
En faisant un circuit, l'on eût gagné le pont;
C'était bien le plus sûr, mais c'était le plus long:
Colas veut abréger. D'abord il considère
    Qu'il peut franchir cette rivière [3];
    Et, comme ses béliers sont forts,
    Il conclut que, sans grands efforts,
Le troupeau sautera. Cela dit, il s'élance;
Son chien saute après lui, béliers d'entrer en danse [4],
    A qui mieux mieux [5]; courage, allons!
    Après les béliers les moutons;
Tout est en l'air, tout saute; et Colas les excite,
    En s'applaudissant du moyen.
Les béliers, les moutons, sautèrent assez bien:
    Mais les brebis vinrent ensuite,
Les agneaux, les vieillards, les faibles, les peureux,
    Les mutins [6], corps toujours nombreux [7],

1. « Dès le commencement du jour; » expression figurée.
2. Les *ruisseaux* ont un cours doux et continu; les *torrents* roulent des eaux impétueuses et rapides et ne durent pas longtemps.
3. « D'abord il s'aperçoit qu'il peut, quant à lui, passer ce torrent. »
4. Les béliers sont généralement d'humeur pétulante; ils aiment à bondir. — *Entrer en danse*, c'est s'engager dans une affaire où d'autres sont déjà engagés.
5. « A l'envi l'un de l'autre. »
6. « Les entêtés. »
7. « Qui forment dans toutes les réunions une *troupe* nombreuse.»

Qui refusaient le saut, ou sautaient de colère,
  Et, soit faiblesse, soit dépit,
  Se laissaient choir¹ dans la rivière.
Il s'en noya le quart; un autre quart s'enfuit,
  Et sous la dent du loup périt.
  Colas, réduit à la misère,
S'aperçut, mais trop tard, que pour un bon pasteur,
  Le plus court n'est pas le meilleur.

Non certes, le plus court n'est pas toujours le meilleur.
Mieux vaut faire un circuit, et traverser un fleuve sur le pont
que de le passer à la nage. Si l'on perd du temps, au moins
on ne risque pas de se noyer. La précipitation cause
beaucoup d'accidents. Qui va doucement va sainement, dit
le proverbe italien : *Che va piano, va sano.* — Dans cette
fable, le berger est d'autant plus coupable, qu'il expose,
non pas sa vie, mais celle du troupeau qui lui est confié.
De même un général serait très-coupable d'exposer au danger, par trop de précipitation, une armée confiée à ses soins.
La prudence et non la fougue doit être la première vertu
d'un bon chef.

FABLE VI.

LE BOUVREUIL ET LE CORBEAU.

Un bouvreuil, un corbeau, chacun dans une cage,
  Habitaient le même logis.
  L'un enchantait par son ramage
La femme, le mari, les gens, tout le ménage.
L'autre les fatiguait sans cesse de ses cris;
Il demandait du pain, du rôti, du fromage ²,
  Qu'on se pressait de lui porter,
  Afin qu'il voulût bien se taire.

1. Vieux mot qui signifie *tomber*, et qu'on n'emploie qu'en vers,
dans le style familier.
2. Les corbeaux, on le sait, sont difficiles à rassasier. Quand ils
ont été pris jeunes, et élevés en cage, on leur apprend à prononcer
quelques mots.

Le timide bouvreuil ne faisait que chanter,
Et ne demandait rien : aussi, pour l'ordinaire,
   On l'oubliait; le pauvre oiseau
   Manquait souvent de grain et d'eau.
Ceux qui louaient le plus de son chant l'harmonie [1]
   N'auraient pas fait le moindre pas
   Pour voir si l'auge [2] était remplie.
Ils l'aimaient bien pourtant, mais ils n'y pensaient pas.
Un jour on le trouva mort de faim dans sa cage.
Ah! quel malheur! dit-on : las [3]! il chantait si bien!
De quoi donc est-il mort? Certes, c'est grand dom-
Le corbeau crie encore, et ne manque de rien. [mage.

Cette fable nous fait penser à deux espèces de pauvres. Le
Bouvreuil représente les pauvres honteux, qui souffrent en
silence, ou qui dissimulent leurs souffrances sous des paroles
calmes et douces. Nous louons leur manière de vivre, modeste et retirée; nous nous laissons charmer de leurs ré-
ponses affables, et nous oublions de regarder si cette apparence de bonheur ne cache pas des peines cruelles. Un
jour, nous apprenons avec surprise qu'ils ont succombé à
leurs misères, sans avoir été secourus. Le Corbeau, au contraire, représente ces pauvres criards et insatiables, qui
demandent sans cesse, et auxquels on donne toujours, pour se
délivrer de leur importunité.— Prenons donc la résolution
d'aller visiter le pauvre *chez lui*, de nous informer de ses
besoins, de nous assurer par nous-mêmes des causes de sa
misère : nous ferons ainsi l'apprentissage de la plus belle
des vertus chrétiennes, LA CHARITÉ.

1. « Ceux qui louaient le plus la beauté, l'harmonie de son chant.»
2. Le mot AUGE ne s'emploie guère dans ce cas ; il désigne ordinairement une pierre ou une pièce de bois creusée dans laquelle
on donne à boire ou à manger à de gros animaux. Le mot CODET
serait peut-être préférable.
3. Ancien diminutif de *hélas!*

FABLE VII.

LE SINGE QUI MONTRE LA LANTERNE MAGIQUE.

MESSIEURS les beaux esprits dont la prose et les vers
Sont d'un style pompeux et toujours admirable [1],
Mais que l'on n'entend point ; écoutez cette fable,
     Et tâchez de devenir clairs [2].

Un homme qui montrait la lanterne magique
     Avait un singe dont les tours
     Attiraient chez lui grand concours.
Jacqueau [3] (c'était son nom) sur la corde élastique [4]
     Dansait et voltigeait au mieux,
     Puis faisait le saut périlleux,
Et puis sur un cordon, sans que rien le soutienne,
     Le corps droit, fixe, d'aplomb,
     Notre Jacqueau fait tout du long
     L'exercice à la prussienne [5].
Un jour qu'au cabaret son maître était resté
     (C'était, je pense, un jour de fête),
      Notre singe en liberté
     Veut faire un coup de sa tête.
Il s'en va rassembler les divers animaux
     Qu'il peut rencontrer dans la ville :
     Chiens, chats, poulets, dindons, pourceaux,
     Arrivent bientôt à la file.

1. C'est par ironie que Florian dit que le style des beaux-esprits
est admirable. L'ironie fait entendre le contraire de ce qu'elle exprime.
     2. Un auteur dont le style manque de clarté n'est compris de
personne. Mieux vaudrait alors qu'il gardât le silence.
     3. Mieux vaudrait écrire : *Jacquot*, diminutif du nom propre
Jacques. On donne aussi ce nom aux perroquets.
     4. Une corde tendue est élastique, elle fait rebondir le danseur.
     5. « Comme un soldat prussien. » Les soldats prussiens *font
l'exercice* avec une grande exactitude de mouvements.

Entrez, entrez, messieurs, criait notre Jacqueau ;
C'est ici, c'est ici qu'un spectacle nouveau
Vous charmera gratis [1]. Oui, messieurs, à la porte
On ne prend point d'argent, je fais tout pour l'hon-
    A ces mots chaque spectateur   [neur [2].
    Va se placer, et l'on apporte
La lanterne magique, on ferme les volets,
    Et, par un discours fait exprès,
    Jacqueau prépare l'auditoire.
    Ce morceau vraiment oratoire [3]
    Fit bâiller; mais on applaudit.
Content de son succès, notre singe saisit
Un verre peint, qu'il met dans sa lanterne.
    Il sait comment on le gouverne,
Et crie en le poussant : « Est-il rien de pareil ?
    Messieurs, vous voyez le soleil,
    Ses rayons et toute sa gloire.
Voici présentement la lune; et puis l'histoire
    D'Adam, d'Ève et des animaux...
    Voyez, messieurs, comme ils sont beaux!
    Voyez la naissance du monde ;
Voyez... » Les spectateurs, dans une nuit profonde,
Écarquillaient leurs yeux et ne pouvaient rien voir ;
    L'appartement, le mur, tout était noir.
Ma foi, disait un chat, de toutes les merveilles
    Dont il étourdit nos oreilles,
    Le fait est que je ne vois rien. —
    Ni moi non plus, disait un chien. —
Moi, disait un dindon, je vois bien quelque chose,
    Mais, je ne sais pour quelle cause,
    Je ne distingue pas très-bien. —
Pendant tous ces discours, le Cicéron moderne [3]

1. GRATIS est un mot latin dont chacun sait la signification.
2. Ne croirait-on pas entendre un baladin de la foire? De grands
mots pour peu de chose!
3. Encore des expressions ironiques. — Cicéron, célèbre orateur

Parlait éloquemment, et ne se lassait point.
    Il n'avait oublié qu'un point,
    C'était d'éclairer sa lanterne.

Cette fable est vraiment admirable dans ses détails. Nos jeunes élèves les auront compris sans peine, car Florian a un style *très-clair*. Il nous suffira de blâmer la vanité téméraire du Singe, qui sottement veut imiter son maître, et la bêtise non moins orgueilleuse du Dindon, qui ne veut pas avouer qu'il ne voit rien. Quant au Chat, il dit ce qu'il pense d'un petit ton narquois, qui lui sied bien, et le Chien se range de son avis de la meilleure foi du monde. Il en est ainsi des hommes dont ces animaux représentent les divers caractères.

FABLE VIII.

L'ENFANT ET LE MIROIR.

Un enfant élevé dans un pauvre village
Revint chez ses parents, et fut surpris d'y voir
        Un miroir[1].
    D'abord il aima son image ;
Et puis, par un travers bien digne d'un enfant,
    Et même d'un être plus grand[2],
    Il veut outrager ce qu'il aime,
Lui fait une grimace, et le miroir la rend.
    Alors son dépit est extrême :
    Il lui montre un poing menaçant,
    Il se voit menacé de même.
Notre marmot[3] fâché s'en vient, en frémissant,

latin, fit preuve de tant d'éloquence, que son nom est le plus beau titre qu'on puisse donner à un orateur.

1. Ce petit enfant avait sans doute été mis en nourrice. Or, malgré la possibilité de se procurer aujourd'hui des miroirs à bas prix, il est encore de pauvres maisons de village où l'on n'en trouverait pas.

2. « Et même d'une personne plus âgée. » Cela ne prouve pas en faveur de la race humaine.

3. MARMOT est un terme de mépris, dont on qualifie les petits garçons peu aimables. On dit dans le même sens *marmotte* au féminin.

Battre cette image insolente;
Il se fait mal aux mains. Sa colère en augmente;
   Et, furieux, au désespoir,
   Le voilà, devant ce miroir,
   Criant, pleurant, frappant la glace [1].
Sa mère, qui survient, le console, l'embrasse,
   Tarit ses pleurs, et doucement lui dit:
N'as-tu pas commencé par faire la grimace
A ce méchant enfant qui cause ton dépit?
— Oui. — Regarde à présent : tu souris, il sourit;
Tu tends vers lui les bras, il te les tend de même;
Tu n'es plus en colère, il ne se fâche plus.
De la société tu vois ici l'emblème [2] :
   Le bien, le mal, nous sont rendus.

Parmi les hommes, en effet, on rend le bien pour le bien,
et le mal pour le mal. C'est une raison pour nous de faire le
bien. N'imitons jamais ce marmot qui fait la grimace, qui
montre le poing, qui se fâche, qui frappe!... Fi! le vilain
modèle!... Mettons plutôt en pratique les conseils de sa
douce et bonne mère; ayons le sourire sur le visage, de
bonnes paroles à la bouche, et tendons une main amie aux
hommes avec qui nous vivons. Ils se conduiront à notre égard
comme nous nous conduirons envers eux. La morale chrétienne, d'ailleurs, ne nous ordonne pas seulement de ne
faire mal à personne; elle nous dit de rendre le bien pour le
mal, et d'aimer ceux mêmes qui nous persécutent, suivant
l'exemple que nous a donné Jésus.

FABLE IX.

LES DEUX CHATS.

Deux chats qui descendaient du fameux Rodilard [3],

1. Le portrait du marmot n'est pas flatteur; il n'en est pas moins
ressemblant.
2. « Les choses se passent ainsi dans la société. »
3. La Fontaine parle de deux Rodilard. Voy. *Conseil tenu par les
Rats*, liv. II; *Le Chat et le vieux Rat*, liv. III. — *Rodilard* est
synonyme de *ronge-lard*.

Et dignes tous les deux de leur noble origine,
Différaient d'embonpoint : l'un était gras à lard,
    C'était l'aîné ; sous son hermine
    D'un chanoine il avait la mine [1],
Tant il était dodu, potelé, frais et beau :
    Le cadet n'avait que la peau
    Collée à sa tranchante épine [2].
Cependant ce cadet, du matin jusqu'au soir,
    De la cave à la gouttière
    Trottait, courait, il fallait voir!
    Sans en faire meilleure chère.
    Enfin, un jour, au désespoir,
    Il tint ce discours à son frère:
    Explique-moi par quel moyen,
    Passant ta vie à ne rien faire,
Moi travaillant toujours [3], on te nourrit si bien,
    Et moi si mal. — La chose est claire,
Lui répondit l'aîné : tu cours tout le logis
Pour manger rarement quelque maigre souris...
— N'est-ce pas mon devoir? — D'accord, cela peut
    Mais moi, je reste auprès du maître,   [être [4];
    Je sais l'amuser par mes tours.
Admis à ses repas sans qu'il me réprimande,
Je prends de bons morceaux, et puis je les demande
    En faisant patte de velours;
    Tandis que toi, pauvre imbécile [5],

----

1. « Grâce à sa peau dont le poil était blanc et soyeux comme celui d'une *hermine*, il avait la mine d'un chanoine. » L'HERMINE est un petit quadrupède blanc, qui a le bout de la queue noir, et dont la peau donne une fourrure très-recherchée. — Les CHANOINES portent dans les cérémonies des vêtements doublés d'hermine.

2. L'épine dorsale fait saillie chez les animaux maigres.

3. « Lorsque, d'une part, tu passes ta vie à ne rien faire, et que, de l'autre, je travaille toujours.»

4. Non-seulement *cela peut être*, mais cela est. Il est du devoir d'un chat d'attraper les souris.

5. Le chat maigre n'est pas du tout un imbécile. C'est un digne animal qui fait son devoir.

Tu ne sais rien que le servir.
Va, le secret de réussir,
C'est d'être adroit, non d'être utile.

Cette fable est encore une boutade satirique de l'auteur. Ne le croyons pas sur parole, car il parle avec ironie. Malheureusement, dans le monde, les choses se passent ainsi quelquefois : on récompense les gens *adroits* qui *amusent et font patte de velours;* or, vous savez ce qu'on entend par «faire patte de velours,» c'est flatter les gens auxquels on veut nuire! Quel indigne métier? Qui voudrait *s'engraisser* à ce prix? — D'autre part, ceux qui font leur devoir, ne sont pas toujours récompensés dans cette vie, mais Dieu ne leur réserve-t-il pas dans son paradis des récompenses éternelles?

FABLE X.

LE CHEVAL ET LE POULAIN.

Un bon père cheval, veuf, et n'ayant qu'un fils [1],
　　L'élevait dans son pâturage
　　Où les eaux, les fleurs et l'ombrage
Présentaient à la fois tous les biens réunis.
Abusant pour jouir, comme on fait à cet âge,
Le poulain tous les jours se gorgeait de sainfoin,
　　Se vautrait dans l'herbe fleurie,
Galopait sans objet, se baignait sans envie,
　　Ou se reposait sans besoin.
Oisif et gras à lard, le jeune solitaire
S'ennuya, se lassa de ne manquer de rien [2];
Le dégoût vint bientôt; il va trouver son père :
Depuis longtemps, dit-il, je ne me sens pas bien;
　　Cette herbe est malsaine et me tue,

1. Nous n'oublions pas qu'une fable est un récit allégorique où les animaux jouent le rôle des hommes. Pour saisir la pensée du poëte, il suffit de mettre le nom de ceux-ci à la place de ceux-là.
2. Un fils unique est souvent un enfant gâté. On ne lui refuse rien, et la satiété produit vite chez lui le dégoût.

Ce trèfle est sans saveur, cette onde est corrompue;
L'air qu'on respire ici m'attaque les poumons·
    Bref, je meurs, si nous ne partons[1]. —
Mon fils, répond le père, il s'agit de ta vie :
    A l'instant même il faut partir.
Sitôt dit, sitôt fait, ils quittent leur patrie[2].
Le jeune voyageur bondissait de plaisir.
Le vieillard, moins joyeux, allait un train plus sage;
Mais il guidait l'enfant, et le faisait gravir
Sur des monts escarpés, arides, sans herbage,
    Où rien ne pouvait le nourrir.
    Le soir vint, point de pâturage ;
    On s'en passa. Le lendemain,
Comme l'on commençait à souffrir de la faim,
On prit du bout des dents une ronce sauvage.
On ne galopa plus le reste du voyage;
A peine, après deux jours, allait-on même au pas.
    Jugeant alors la leçon faite,
Le père va reprendre une route secrète
    Que son fils ne connaissait pas,
    Et le ramène à la prairie,
Au milieu de la nuit. Dès que notre poulain
    Retrouve un peu d'herbe fleurie,
Il se jette dessus : Ah ! l'excellent festin,
La bonne herbe ! dit-il : comme elle est douce et
    Mon père, il ne faut pas s'attendre   [tendre !
    Que nous puissions rencontrer mieux;
Fixons-nous pour jamais dans ces aimables lieux :
Quel pays peut valoir cet asile champêtre ?
Comme il parlait ainsi, le jour vint à paraître :
Le poulain reconnaît le pré qu'il a quitté;
Il demeure confus. Le père, avec bonté,
Lui dit : Mon cher enfant, retiens cette maxime :

1. Ce discours est tout au moins fort exagéré.
2. « La prairie qui les a vus naître. »

Quiconque jouit trop est bientôt dégoûté ;
　　Il faut au bonheur du régime.

Que de jeunes gens pourraient profiter de l'expérience du jeune Poulain ! La maison paternelle n'a plus de charmes pour eux. Rien ne leur manque cependant ; mais comme le dit très-bien le fabuliste, *ils se lassent de ne manquer de rien.* Tant il est vrai que nous n'apprécions un bien qu'après l'avoir perdu ! Avec quel bonheur, après une longue absence, nous retrouvons la maison paternelle ! *Comme elle est douce et tendre !* — Sachons donc borner nos désirs ; contentons-nous des biens que Dieu nous a donnés ; car moins heureux que le Poulain, si nous les quittions pour en chercher de plus grands, nous pourrions ne plus les retrouver à notre retour. Et cependant, si des circonstances exigent que nous quittions la maison paternelle, laissons-nous, comme lui, guider par notre bon père, car les avis d'un bon père sont pour l'enfant les plus précieuses règles de conduite, et répétons souvent cette maxime : *Il faut au bonheur du régime,* c'est-à-dire qu'il faut user *avec modération* même des meilleures choses.

FABLE XI.

LE GRILLON[1].

Un pauvre[2] petit grillon,
Caché dans l'herbe fleurie,
Regardait un papillon
Voltigeant dans la prairie.
L'insecte ailé[3] brillait des plus vives couleurs ;

1. Le GRILLON est un petit insecte que l'on trouve dans les champs et dans les maisons. Ceux des champs ont le corps noir et brillant ; ceux des maisons sont d'un jaune pâle et se tiennent près du foyer. On les appelle familièrement *cri-cri*, à cause du bruit perçant qu'ils font entendre en agitant leurs *élytres*, c'est-à-dire les petits étuis qui recouvrent leurs ailes.
2. L'adjectif *pauvre* est ici un qualificatif qui exprime l'intérêt, l'affection que l'on ressent naturellement pour un être petit et humble.
3. « Le papillon, » *périphrase.*

4.

L'azur, le pourpre et l'or, éclataient sur ses ailes[1] :
Jeune, beau, petit-maître[2], il court de fleurs en fleurs,
    Prenant et quittant les plus belles[3].
Ah! disait le grillon, que son sort et le mien
    Sont différents! Dame Nature[4]
    Pour lui fit tout, et pour moi rien.
Je n'ai point de talent, encore moins de figure[5];
Nul ne prend garde à moi, l'on m'ignore ici-bas :
    Autant vaudrait n'exister pas[6].
    Comme il parlait, dans la prairie
    Arrive une troupe d'enfants :
    Aussitôt les voilà courants[7]
Après ce papillon dont ils ont tous envie.
Chapeaux, mouchoirs, bonnets, servent à l'attraper.
L'insecte vainement cherche à leur échapper,
    Il devient bientôt leur conquête.
L'un le saisit par l'aile, un autre par le corps;
Un troisième survient, et le prend par la tête :
    Il ne fallait pas tant d'efforts
    Pour déchirer la pauvre bête[8].

1. L'AZUR désigne la couleur bleue; le POURPRE, la couleur rouge foncée ; l'OR, la couleur jaune.
On dit *le pourpre*, en parlant de la couleur; mais on dit *la pourpre*, en parlant de l'étoffe teinte avec cette couleur.
2. Un PETIT-MAITRE est un personnage plein de vanité qui cherche à briller par sa toilette, ses manières ou son langage.
3. « Visitant et quittant tour à tour les plus belles. »
4. Le mot DAME est une de ces appellations que les poètes placent devant certains noms, qui indiquent une personne de qualité. Le mot NATURE ici signifie la puissance qui crée et qui conserve tous les êtres.
5. « J'ai encore moins de figure, c'est-à-dire de beauté. »
6. Le souhait du grillon est coupable. Ce n'est pas pour être vu qu'il a reçu l'existence. Comme tous les êtres de la nature, il a été créé par Dieu pour être heureux, et Dieu, qui a tout créé, le monde, les animaux et les hommes, *prend garde* à tout, et n'ignore rien, pas même le pauvre petit grillon. C'est le chagrin qui fait ainsi parler ce dernier ; il changera bientôt de langage.
7. Florian a mis un s au mot COURANTS. Cela n'est pas correct, car ce mot est ici participe présent et par conséquent *invariable*.
8. « Le papillon, » *périphrase*.

Oh! oh! dit le grillon, je ne suis plus fâché ;
Il en coûte trop cher pour briller dans le monde.
Combien je vais aimer ma retraite profonde !
    Pour vivre heureux, vivons caché [1].

De tous les personnages que Florian met en scène dans
cette fable, le Grillon est celui qui nous intéresse le plus.
Le papillon est un étourdi, qui fait parade de ses avantages
personnels, sans songer au danger auquel il s'expose ; il est
cruellement puni de sa légèreté. Les enfants, dont *il devient
la conquête*, sont des méchants, qui font le mal par plaisir.
Leur action est très-coupable. Le Grillon, du fond de sa retraite, est témoin du drame qui se passe dans l'air. Ce drame
est pour lui et pour nous une leçon qui ne sera pas perdue.
Après avoir porté envie au sort brillant du papillon, *de l'insecte ailé, qui court de fleurs en fleurs*, il le voit poursuivi,
traqué, déchiré par de cruels enfants ; mais alors il devrait
au moins, ce nous semble, avoir un sentiment et une parole
de pitié pour *la pauvre bête*. Non ! il ne pense qu'à lui-
même, l'égoïste ! Nous avons déjà vu (note 6) qu'il se plaignait injustement du sort que Dieu lui avait fait. En ce
moment, il reconnaît combien il a été coupable de désirer
un sort plus brillant ou de mourir. Comme il aimera sa retraite profonde, cette herbe touffue, qui le met à l'abri du
danger ! — Ah ! profitons aussi de la leçon, mes chers petits
amis ; n'envions jamais l'éclat, les grandeurs, les richesses ;
pour vivre heureux, vivons cachés !

FABLE XII.

LE CHATEAU DE CARTES.

UN bon mari, sa femme et deux jolis enfants,
Coulaient en paix leurs jours [2] dans le simple ermitage
Où, paisibles comme eux, vécurent leurs parents.
Ces époux, partageant les doux soins du ménage,

1. L'auteur n'a pas mis d's au mot CACHÉ, quoique l'impératif
VIVONS soit au pluriel. C'est que le grillon parle à lui-même, et de
lui seul ; il pa le donc au singulier.
2. « Vivaient en paix, » *périphrase.*

Cultivaient leur jardin, recueillaient leurs moissons ;
Et le soir, dans l'été, soupant sous le feuillage[1],
    Dans l'hiver, devant leurs tisons[2],
Ils prêchaient à leurs fils la vertu, la sagesse[3],
Leur parlaient du bonheur qu'ils[4] procurent toujours.
Le père par un conte égayait ses discours ;
    La mère, par une caresse[5].
L'aîné de ces enfants, né grave, studieux,
    Lisait et méditait sans cesse ;
Le cadet, vif, léger, et plein de gentillesse,
Sautait, riait toujours, ne se plaisait qu'aux jeux.
Un soir, selon l'usage, à côté de leur père,
Assis près d'une table où s'appuyait la mère,
L'aîné lisait Rollin[6] ; le cadet, peu soigneux[7]
D'apprendre les hauts faits des Romains ou des Par-
Employait tout son art, toutes ses facultés[9],   [thes[8],
A joindre, à soutenir par les quatre côtés
    Un fragile château de cartes.
Il n'en respirait pas, d'attention, de peur.
    Tout à coup voici le lecteur

1. « Sous les arbres dont le feuillage les protégeait du soleil. »
2. « Près du foyer où brûle encore le bois qui les a protégés contre le froid. »
3. « Ils engageaient leurs fils à pratiquer la vertu, la sagesse. »
4. Ce pronom n'est pas correct ; Florian aurait dû le mettre au féminin, puisqu'il représente deux substantifs féminins.
5. L'esprit inspire les paroles du père ; le cœur dicte celles de la mère.
6. « L'aîné lisait un livre de Rollin. » — Rollin est un professeur célèbre, dont le nom est devenu synonyme de *père*, d'*ami* de la jeunesse. Il mourut quelques années avant la naissance de Florian. Ses principaux ouvrages sont l'*Histoire ancienne*, l'*Histoire romaine* et le *Traité des Études*.
7. « Peu curieux. »
8. Vous connaissez bien les Romains, dont l'empire, fondé par Romulus sept siècles avant la naissance de N.-S. J.-C., s'étendit sur tout le monde alors connu, et ne fut détruit qu'au ve siècle de notre ère par les invasions des Barbares. — Les Parthes, peuple de l'Asie, sont célèbres par leurs longues guerres contre les Romains. Leur empire subsista pendant quatre siècles, avant et après J.-C.
9. « Toute son attention. »

Qui s'interrompt : Papa, dit-il, daigne m'instruire[1]
Pourquoi certains guerriers sont nommés conqué-
    Et d'autres, fondateurs d'empire :   [rants,
    Ces deux noms sont-ils différents ?
Le père méditait une réponse sage,
Lorsque son fils cadet, transporté de plaisir,
Après tant de travail, d'avoir pu parvenir
    A placer son second étage,
S'écrie : Il est fini ! Son frère murmurant[2]
Se fâche, et d'un seul coup détruit son long ouvrage;
    Et voilà le cadet pleurant.
    Mon fils, répond alors le père,
    Le fondateur c'est votre frère,
    Et vous êtes le conquérant.

L'action du frère aîné est répréhensible. Il aurait dû réprimer ce premier moment de colère. L'étude est une belle chose, mais elle doit avant tout rendre l'homme meilleur. Quant à l'explication du père, chacun la comprendra. Les fondateurs d'empire sont les bienfaiteurs de l'humanité; ils emploient tout leur art, toutes leurs facultés à joindre, à soutenir par de bonnes lois l'Etat qui leur doit son existence; ils aiment la paix, parce qu'ils savent qu'elle est le plus ferme appui des royaumes.— Les conquérants, au contraire, sont trop souvent les fléaux de l'humanité; ils aiment la guerre, source de tant de maux pour les peuples ; et, pour conquérir des villes, ils les renversent, ils les détruisent. Comme les enfants de *la fable du Grillon*, après bien des efforts, ils n'ont en leur possession que des objets en lambeaux, c'est-à-dire des peuples appauvris et des pays dévastés. Cependant le sens du mot CONQUÉRANT n'entraîne pas toujours celui de destructeur.

1. Phrase non correcte ; mieux vaudrait: « Daignez m'apprendre pourquoi... »
2. « Mécontent d'être interrompu par le cri de son jeune frère. »

FABLE XIII.

LE PHÉNIX.

Le phénix[1] venant d'Arabie[2],
Dans nos bois parut un beau jour :
Grand bruit chez les oiseaux[3] ; leur troupe réunie
   Vole pour lui faire sa cour.
   Chacun l'observe, l'examine :
Son plumage, sa voix, son chant mélodieux,
   Tout est beauté, grâce divine,
   Tout charme l'oreille et les yeux.
Pour la première fois on vit céder l'envie
Au besoin de louer et d'aimer son vainqueur[4].
Le rossignol disait : Jamais tant de douceur
   N'enchanta mon âme ravie.—
Jamais, disait le paon, de plus belles couleurs
   N'ont eu cet éclat que j'admire :
Il éblouit mes yeux, et toujours les attire[5].
Les autres répétaient ces éloges flatteurs ;
   Vantaient le privilége unique
De ce roi des oiseaux, de cet enfant du ciel[6]
Qui, vieux, sur un bûcher de cèdre aromatique[7],

1. Le PHÉNIX est un oiseau dont les anciens ont parlé dans leurs fables. Ils disaient que le phénix était toujours seul de son espèce, et qu'il renaissait de ses propres cendres.
2. L'Arabie est une grande contrée de l'Asie, fertile en toutes sortes d'aromates.
3. « Son arrivée fit grand bruit chez les oiseaux. »
4. La beauté du phénix était si grande que tous les oiseaux charmés en faisaient l'éloge ; c'est pour cela que le poëte dit que le phénix était *vainqueur* de l'envie.
5. Le rossignol doit se connaître en mélodie, et le paon en beauté. L'un est le plus mélodieux des oiseaux ; l'autre en est le plus beau.
6. Nous aimons à croire que tout ce qui est parfait vient du ciel. Florian a déjà parlé au vers 7 de la *grâce divine* du phénix.
7. On appelle AROMATES des végétaux odoriférants, des parfums. La violette est un aromate. Le CÈDRE, qui autrefois croissait uniquement en Asie, est un arbre odoriférant, par conséquent *aromatique*

Se consume lui-même, et renaît immortel.
Pendant tout ces discours, la seule tourterelle[1],
    Sans rien dire, fit un soupir.
    Son époux, la poussant de l'aile,
    Lui demande d'où peut venir
    Sa rêverie et sa tristesse :
De cet heureux oiseau désires-tu le sort ?
    — Moi, mon ami ? je le plains fort ;
    Il est le seul de son espèce.

Rien n'est plus triste, en effet, que d'être seul de son espèce. Les talents, la beauté, la richesse ne valent pas la compagnie d'un être de notre espèce, d'un ami qui double notre bonheur en le partageant, et qui porte avec nous le fardeau de nos peines.

FABLE XIV.

L'ÉDUCATION DU LION.

Enfin le roi lion venait d'avoir un fils ;
Partout dans ses États on se livrait en proie[2]
Aux transports éclatants d'une bruyante joie :
    Les rois heureux ont tant d'amis !
    Sire[3] lion, monarque sage,
Songeait à confier son enfant bien-aimé
Aux soins d'un gouverneur vertueux, estimé,
Sous qui le lionceau fît son apprentissage.
    Vous jugez qu'un choix pareil
    Est d'assez grande importance
    Pour que longtemps on y pense.

1. « La tourterelle seule ne parlait pas. »
2. Expression très-énergique. « Tous les animaux, dont le lion est le roi, se réjouissaient publiquement de la naissance du lionceau, leur roi futur. »
3. Le mot SIRE s'emploie seul, lorsqu'on parle ou qu'on écrit à un roi, à un empereur. Il est employé ici comme le mot dame, dans la fable du Grillon (voy. note 4, page 66).

Le monarque indécis assemble son conseil .
En peu de mots il expose
Le point dont il s'agit, et supplie instamment
Chacun des conseillers de nommer franchement
Celui qu'en conscience il croit propre à la chose.
Le tigre se leva : Sire, dit-il, les rois
N'ont de grandeur que par la guerre ;
Il faut que votre fils soit l'effroi de la terre :
Faites donc tomber votre choix
Sur le guerrier le plus terrible,
Le plus craint après vous des hôtes de ces bois [1].
Votre fils saura tout, s'il sait être invincible.
L'ours fut de cet avis : il ajouta pourtant
Qu'il fallait un guerrier prudent,
Un animal de poids [2], de qui l'expérience
Du jeune lionceau sût régler la vaillance,
Et mettre à profit ses exploits.
Après l'ours, le renard s'explique,
Et soutient que la politique [3]
Est le premier talent des rois ;
Qu'il faut donc un Mentor d'une finesse extrême
Pour instruire le prince et pour le bien former.
Ainsi chacun, sans se nommer,
Clairement s'indiqua soi-même :
De semblables conseils sont communs à la cour [4].
Enfin le chien parle à son tour :
Sire, dit-il, je sais qu'il faut faire la guerre,
Mais je cro·· qu'un bon roi ne la fait qu'à regret.

1. Le tigre est en effet, « après le lion, le plus redouté des habitants des bois et des déserts, c'est-à-dire des animaux. »
2. « Un animal qui jouit d'une grande importance. » L'ours est bien « un animal de poids. »
3. POLITIQUE veut dire ici *adresse* à conduire un État.
4. « C'est dans leur propre intérêt, et non dans celui du roi que les courtisans parlent et agissent. Comme Florian le dit au vers 4, les rois ont beaucoup d'amis semblables au tigre, à l'ours, au renard, c'est-à-dire de faux amis.

L'art de tromper ne me plaît guère [1] :
Je connais un plus beau secret
Pour rendre heureux l'État, pour en être le père,
Pour tenir ses sujets, sans trop les alarmer,
    Dans une dépendance entière ;
    Ce secret, c'est de les aimer.
Voilà pour bien régner la science suprême ;
Et si vous désirez la voir dans votre fils,
    Sire, montrez-la-lui vous-même [2].
Tout le conseil resta muet à cet avis.
Le lion court au chien : Ami, je te confie
Le bonheur de l'État et celui de ma vie.
Prends mon fils, sois son maître, et, loin de tout
    S'il se peut [3] va former son cœur.   [flatteur,
Il dit ; et le chien part avec le jeune prince,
D'abord à son pupille [4] il persuade bien
Qu'il n'est point lionceau, qu'il n'est qu'un pauvre
Son parent éloigné. De province en province [chien,
Il le fait voyager, montrant à ses regards
Les abus du pouvoir, des peuples la misère [5],
Les lièvres, les lapins mangés par les renards,
Les moutons par les loups, les cerfs par la panthère ;
    Partout le faible terrassé [6] ;
    Le bœuf travaillant sans salaire,
    Et le singe récompensé [7].
Le jeune lionceau frémissait de colère :
Mon père, disait-il, de pareils attentats   [l'être ?
Sont-ils connus du roi ? — Comment pourraient-ils

1. Ce mot est à l'adresse du renard.
2. Vous savez le vieux proverbe : « Tel père, tel fils. »
3. Il a bien raison de dire : *s'il se peut ;* car où peut-on se croire
à l'abri des flatteurs ? A défaut d'autres, on se flatte soi-même,
hélas !
4. Un *pupille* est un enfant placé sous la conduite d'un tuteur.
5. « La misère des peuples. »
6. « Partout les petits dévorés par les grands. »
7. Voyez la fable des *Deux Chats.*

Disait le chien : les grands approchent seuls du maî-
    Et les mangés ne parlent pas.   [tre,
Ainsi, sans raisonner de vertu, de prudence,
Notre jeune lion devenait tous les jours
Vertueux et prudent ; car c'est l'expérience
    Qui corrige, et non les discours [1].
A cette bonne école il acquit avec l'âge
    Sagesse, esprit, force et raison :
    Que lui fallait-il davantage ?
Il ignorait pourtant encor qu'il fût lion,
Lorsqu'un jour qu'il parlait de sa reconnaissance
    A son maître, à son bienfaiteur,
Un tigre furieux, d'une énorme grandeur,
Paraissant tout à coup, contre le chien s'avance ;
    Le lionceau plus prompt s'élance ;
Il hérisse ses crins, il rugit de fureur,
Bat ses flancs de sa queue, et ses griffes sanglantes
Ont bientôt dispersé les entrailles fumantes
    De son redoutable ennemi [2].
A peine il est vainqueur qu'il court à son ami :
Oh ! quel bonheur pour moi d'avoir sauvé ta vie !
    Mais quel est mon étonnement !
Sais-tu que l'amitié, dans cet heureux moment,
M'a donné d'un lion la force et la furie ? —
Vous l'êtes, mon cher fils, oui, vous êtes mon roi,
    Dit le chien tout baigné de larmes [3].
Le voilà donc venu ce moment plein de charmes,
Et, vous rendant enfin tout ce que je vous doi [4],
Je peux vous dévoiler un important mystère [5] !

1. Les discours, cependant, ne sont pas inutiles. Le chien en use
aussi pour l'instruction de son élève.
  2. Le jeune lion est beau à voir défendant ainsi son maître, son
tuteur, son ami.
  3. « Larmes de joie. »
  4. Les poètes sont autorisés, en vue de la rime, à retrancher l's final
dans certaines personnes des verbes, ex. : Je voi, je doi, je reçoi, etc.
  5. « Je peux maintenant vous dire que vous êtes un lion. »

Retournons à la cour, mes travaux sont finis.
Cher prince, malgré moi cependant je gémis,
Je pleure, pardonnez : tout l'État trouve un père,
    Et moi je vais perdre mon fils.

Cette fable ne s'adresse pas seulement aux rois ; tous les pères de famille doivent prendre le même soin de choisir pour leurs enfants *un gouverneur vertueux, estimé.* Heureux ceux qui trouvent un *ami* auquel ils peuvent *confier le bonheur* de leurs enfants ! *A la bonne école* de ce maître, ceux-ci *acquerront avec l'âge la sagesse, l'esprit, la force et la raison ;* et ils saisiront toutes les occasions de témoigner leur *reconnaissance* à leur *bienfaiteur.*

Remarquons aussi que le Chien, prudent et sage, ne dit point dès l'abord à son pupille qu'il est *lionceau,* c'est-à-dire fils de roi, et qu'un jour il sera lui-même roi. Il s'en garde bien ! On n'est déjà que trop porté dans la jeunesse à l'orgueil, à l'amour-propre. Aussi ne saurait-on trop blâmer la sotte imprudence de ces mères, qui encouragent la paresse de leurs enfants, en leur répétant : « Va, mon fils, tu seras riche un jour ; tu n'as pas besoin de te fatiguer à travailler. » Paroles insensées ! Combien d'enfants dont les parents étaient riches et qui sont devenus pauvres ! On ne conserve les richesses, comme toutes les autres choses, que par les moyens par lesquels on les a acquises, c'est-à-dire par le travail. Et, d'ailleurs, les enfants à qui leurs parents laisseront quelques écus, sont-ils dispensés d'acquérir de l'instruction ? Resteront-ils sots et ignorants ? Consentiront-ils à être la risée de leurs compagnons ? Et la vertu, que l'on n'obtient que par des efforts, les enfants riches ne sont-ils pas tenus, eux surtout, de la pratiquer. Qu'ils travaillent donc à orner leur esprit et à former leur cœur sous un bon maître, comme s'ils étaient des enfants pauvres. Et alors, à l'exemple du Lionceau de la fable, ils deviendront un jour les soutiens de l'État, l'honneur de leur famille, la providence des faibles et des malheureux.

FABLE XV.

LE DANSEUR DE CORDE ET LE BALANCIER.

Sur la corde tendue un jeune voltigeur [1]
Apprenait à danser ; et déjà son adresse,
   Ses tours de force, de souplesse,
   Faisaient venir maint spectateur [2].
Sur son étroit chemin on le voit qui s'avance,
Le balancier en main, l'air libre, le corps droit,
   Hardi, léger autant qu'adroit ;
Il s'élève, descend, va, vient, plus haut s'élance,
   Retombe, remonte en cadence [3],
   Et, semblable à certains oiseaux [4]
Qui rasent en volant la surface des eaux,
   Son pied touche, sans qu'on le voie,
A la corde qui plie et dans l'air le renvoie [5].
Notre jeune danseur, tout fier de son talent,
Dit un jour : A quoi bon ce balancier pesant [6]
   Qui me fatigue et m'embarrasse ?
Si je dansais sans lui, j'aurais bien plus de grâce,
   De force et de légèreté [7].
Aussitôt fait que dit. Le balancier jeté,
Notre étourdi chancelle, étend les bras, et tombe.
Il se cassa le nez, et tout le monde en rit [8].

1. VOLTIGEUR vient de *voltiger*, c'est-à-dire voler à plusieurs reprises, comme font quelquefois les oiseaux. On appelle *voltige* la corde sur laquelle les saltimbanques font des tours.
2. « Faisaient venir plus d'un spectateur. »
3. « En mesure ; » au son d'une musique spéciale.
4. Les hirondelles, par exemple.
5. C'est en cela que consiste l'élasticité de la corde. Voir la note 1 de la Fable du *Singe qui montre la Lanterne magque* (page 58).
6. Le balancier est la perche dont se servent les danseurs de corde à leurs débuts, et qui les aide à garder l'équilibre.
7. Ainsi parlent les jeunes gens, qui désirent vivre sans règle, au gré de leurs désirs. Le châtiment les attend.
8. Tout le monde rit, parce que l'étourdi ne s'est cassé que le

Jeunes gens, jeunes gens, ne vous a-t-on pas dit
Que sans règle et sans frein tôt ou tard on suc-
La vertu, la raison, les lois, l'autorité,   [combe?
Dans vos désirs fougueux vous causent quelque
    C'est le balancier qui vous gêne,   [peine :
    Mais qui fait votre sûreté.

Florian fait lui-même l'application de sa fable aux jeunes gens. Ecoutons sa parole, et ne nous exposons jamais à nous *casser le nez.* Le Balancier, pour nous, c'est la règle de la maison où nous sommes élevés, où nous *apprenons* à vivre. Ne croyons pas que nous puissions rejeter cette règle sans danger. Les étourdis seuls commettent cette imprudence, et ils ne tardent pas à en être punis. Si la règle parfois nous gêne, elle fait toujours notre sûreté.

FABLE XVI.

LA JEUNE POULE ET LE VIEUX RENARD.

UNE poulette jeune et sans expérience,
    En trottant, cloquetant[1], grattant,
    Se trouva, je ne sais comment,
Fort loin du poulailler, berceau de son enfance.
Elle s'en aperçut qu'il était déjà tard.
Comme elle y retournait, voici qu'un vieux renard
    A ses yeux troublés se présente[2].
    La pauvre poulette tremblante
    Recommanda son âme à Dieu.

nez; c'est le châtiment de son imprudente vanité. Gardons-nous bien cependant de rire, quand nous sommes témoins d'un accident. C'est la marque d'un mauvais cœur.

1. CLOQUÉTANT. Ce mot, qui ne se trouve dans aucun dictionnaire, exprime parfaitement le cri faible et répété, l'espèce de fredonnement, pour ainsi dire, que fait entendre une poule, qui s'en va, trottant et grattant à l'aventure.

2. « Se présente à ses yeux troublés. » La crainte que l'obscurité et le sentiment de son imprudence ont mise dans son cœur, s'augmente à la vue du plus cruel ennemi de sa race.

Mais le renard, s'approchant d'elle,
Lui dit : Hélas ! mademoiselle,
Votre frayeur m'étonne peu ;
C'est la faute de mes confrères,
Gens de sac et de corde[1], infâmes ravisseurs,
Dont les appétits sanguinaires
Ont rempli la terre d'horreur[2].
Je ne puis les changer, mais du moins je travaille
A préserver, par mes conseils,
L'innocente et faible volaille
Des attentats de mes pareils.
Je ne me trouve heureux qu'en me rendant utile[3] ;
Et j'allais de ce pas jusque dans votre asile.
Pour avertir vos sœurs qu'il court un mauvais bruit ;
C'est qu'un certain renard, méchant autant qu'habile,
Doit vous attaquer cette nuit.
Je viens veiller pour vous. La crédule innocente
Vers le poulailler le conduit :
A peine est-il dans ce réduit,
Qu'il tue, étrangle, égorge, et sa griffe sanglante
Entasse les mourants sur la terre étendus,
Comme fit Diomède au quartier de Rhésus[4].
Il croqua tout, grandes, petites,
Coqs, poulets et chapons : tout périt sous ses dents.

1. « *Gens* qui méritent d'être jetés à la rivière dans un *sac*, ou d'être attachés au gibet par une *corde*. »

2. Le vieux renard dit du mal de ses confrères, ennemis des poules, pour gagner la confiance de la poulette. C'est agir en homme fourbe et rusé.

3. Défions-nous de ceux qui font de pareilles professions de foi. Les honnêtes gens sont modestes.

4. On ne s'attendait guère à voir Diomède en cette affaire. Les fabulistes aiment ces allusions brusques à des hommes et à des faits célèbres. — Diomède, fils de Tydée, roi d'Étolie en Grèce, était au siège de Troie. Rhésus, roi de Thrace, vint au secours des Troyens, mais avant d'entrer dans la ville, il fut tué la nuit par Diomède, qui fit un grand carnage de ses guerriers et emmena ses chevaux.

La pire espèce de méchants
Est celle des vieux hypocrites.

La leçon est terrible. Voyez quels peuvent être les résultats d'une faute en apparence légère ! Toute une famille, tout
un Etat périt quelquefois par la faute d'un seul ! Cela nous
apprend, d'ailleurs, à ne jamais écouter les conseils de ceux
que nous ne connaissons pas. Ne prêtons l'oreille qu'aux
discours de ceux que Dieu nous a donnés pour guides, et
ceux-là nous les connaissons.

FABLE XVII

LE CHAT ET LE MOINEAU.

LA prudence est bonne de soi,
Mais la pousser trop loin est une duperie[1] :
L'exemple suivant en fait foi.
Des moineaux habitaient dans une métairie[2].
Un beau champ de millet, voisin de la maison,
Leur donnait du grain à foison.
Ces moineaux dans le champ passaient toute leur vie
Occupés de gruger[3] les épis de millet.
Le vieux chat du logis les guettait d'ordinaire,
Tournait et retournait; mais il avait beau faire,
Sitôt qu'il paraissait, la bande s'envolait.
Comment les attraper? Notre vieux chat y songe,
Médite, fouille en son cerveau[4],
Et trouve un tour tout neuf. Il va tremper dans l'eau
Sa patte, dont il fait éponge[5].

1. « Mais c'est se tromper que de la pousser trop loin. » L'excès
en tout est un défaut.
2. « Dans une ferme. »
3. GRUGER, c'est manger en brisant, en dévorant avec avidité.
4. « Cherche au fond de son cerveau, dans son esprit. »
5. Une éponge mouillée enlève tous les objets légers auxquels on
la fait toucher. C'est pour cela que le poète dit que le chat fait de
sa patte une éponge.

Dans du millet en grain aussitôt il la plonge;
> Le grain s'attache tout autour.
Alors à cloche-pied[1], sans bruit, par un détour,
> Il va gagner le champ, s'y couche
> La patte en l'air et sur le dos,
> Ne bougeant non plus qu'une souche[2].
Sa patte ressemblait à l'épi le plus gros :
L'oiseau s'y méprenait, il approchait sans crainte,
Venait pour becqueter : de l'autre patte, crac !
> Voilà mon oiseau dans le sac[3].
> Il en prit vingt par cette feinte.
Un moineau s'aperçoit du piége scélérat,
> Et prudemment fuit la machine[4];
> Mais dès ce jour il s'imagine
Que chaque épi de grain était patte de chat:
> Au fond de son trou solitaire
> Il se retire, et plus n'en sort[5],
> Supporte la faim, la misère,
> Et meurt pour éviter la mort.

Il y a en toutes choses un point moyen qu'on appelle *bien*, et qui se trouve à égale distance des deux extrêmes qu'on appelle *pas assez* et *trop*. Les moineaux qui se laissent croquer au début de la fable ne sont *pas assez* prudents; celui qui se laisse mourir à la fin l'est *trop*. En voulant éviter un danger, il tombe dans un autre. Les extrêmes sont comme deux fossés profonds qui bordent un chemin étroit. Les hommes prudents, qui veulent vivre *bien*, ont soin de garder toujours le milieu du chemin.

1. « Avec une patte en l'air, celle qui fait éponge. »
2. « Ne bougeant pas du tout. » Une SOUCHE est un gros morceau de bois; on dit d'un homme qu'il est *une souche*, *une vraie souche*, quand il est lourd d'esprit et de corps, et qu'il ne sait remuer ni bras ni jambes.
3. « Dans l'estomac du chat. »
4. « Le chat organisé en piége, en machine. »
5. On dirait en prose sans inversion : « et n'en sort plus. »

FABLE XVIII.

LE ROI DE PERSE.

Un roi de Perse[1], certain jour,
Chassait avec toute sa cour.
Il eut soif, et dans cette plaine
On ne trouvait point de fontaine[2].
Près de là seulement était un grand jardin
Rempli de beaux cédrats[3], d'oranges, de raisin :
A Dieu ne plaise que j'en mange !
Dit le roi, ce jardin courrait trop de danger :
Si je me permettais d'y cueillir une orange,
Mes vizirs aussitôt mangeraient le verger[4].

Ce Roi de Perse a bien raison. Lorsqu'un souverain se permet une injustice, les courtisans en commettent bientôt de nombreuses. Le mal est contagieux, surtout quand celui qui en donne l'exemple jouit de quelque considération. Dans une maison d'éducation, les grands élèves doivent imiter le Roi de Perse, et ne point se permettre la moindre infraction à la règle ; car les petits enfants, qui sont naturellement portés à l'imitation, ne se feraient plus scrupule de violer la règle à leur tour.

Les vices des grands ont des conséquences funestes. De même leurs vertus ont la plus grande influence ; car les exemples qu'ils donnent sont suivis par la multitude qui les environne. Vous lirez plus tard ces vérités admirablement développées par *Massillon*, qui vécut avant Florian.

1. La Perse est un royaume d'Asie, dont le souverain prend le titre de *Schah* ou *Chah*.
2. Il y a en Perse de vastes plaines, sans eau et sans culture, envahies par des sables brûlants. Mais lorsque le sol est cultivé, il produit, malgré sa sécheresse, des fruits exquis, des plantes succulentes.
3. Les CÉDRATS sont de beaux fruits odoriférants qui ressemblent aux citrons.
4. « Mangeraient tous les fruits du verger. » Un VERGER est un lieu clos et planté d'arbres fruitiers.

5.

FABLE XIX.

LE LINOT [1].

UNE linotte avait un fils
Qu'elle adorait [2] selon l'usage :
C'était l'unique fruit du plus doux mariage [3],
Et le plus beau linot qui fût dans le pays.
Sa mère en était folle [4], et tous les témoignages
Que peuvent inventer la tendresse et l'amour
Etaient pour cet enfant épuisés chaque jour [5].
Notre jeune linot, fier de ces avantages,
Se croyait un phénix [6], prenait l'air suffisant,
    Tranchait du petit important [7]
    Avec les oiseaux de son âge ;
Persiflait [8] la mésange ou bien le roitelet [9],
    Donnait à chacun son paquet [10],
Et se faisait haïr de tout le voisinage.
Sa mère lui disait : Mon cher fils, sois plus sage,
Plus modeste surtout. Hélas ! je conçois bien
Les dons, les qualités qui furent ton partage ;

1. Le LINOT, dont la femelle s'appelle LINOTTE, est un charmant petit oiseau dont le chant est très-agréable. Il est facile de l'apprivoiser. On peut même lui apprendre à venir demander lui-même sa nourriture, car il s'attache beaucoup aux personnes qui lui donnent à manger.
2. « Qu'elle aimait beaucoup. »
3. « C'était un fils unique. »
4. « Elle l'aimait au delà des bornes de la raison, jusqu'à la folie.»
5. « Elle ne savait qu'inventer pour témoigner sa tendresse ; » elle en fit un enfant gâté.
6. « Se croyait un oiseau rare, parfait. » Voyez la fable du *Phénix.*
7. Manières de parler toutes françaises, et qu'on appelle *gallicismes.* — *Prendre un air suffisant,* c'est se montrer content de soi-même. *Trancher du petit important,* c'est vouloir paraître un personnage important.
8. « Tournait en ridicule. »
9. La MÉSANGE et le ROITELET sont d'un plus joli plumage que le linot.
10. *Gallicisme :* « Critiquait chaque oiseau. »

Mais feignons[1] de n'en savoir rien,
Pour qu'on les aime davantage.
A tout cela notre linot,
Répondait par quelque bon mot[2] ;
La mère en gémissait dans le fond de son âme.
Un vieux merle[3], ami de la dame,
Lui dit : Laissez aller votre fils au grand bois,
Je vous réponds qu'avant un mois
Il sera sans défauts. Vous jugez des alarmes
De la mère, qui pleure et frémit du danger ;
Mais le jeune linot brûlait de voyager :
Il partit donc malgré ses larmes.
A peine est-il dans la forêt,
Que notre petit personnage
Du pivert[4] entend le ramage,
Et se moque de son fausset[5].
Le pivert, qui prend mal cette plaisanterie,
Vient à bons coups de bec plumer le persifleur :
Et, deux jours après une pie[6]
Le dégoûte à jamais du métier de railleur.
Il lui restait encor la vanité secrète
De se croire excellent chanteur :
Le rossignol et la fauvette
Le guérirent de son erreur[7].
Bref[8], il retourna chez sa mère
Doux, poli, modeste et charmant.

1. « Faisons semblant. »
2. « Par des plaisanteries. »
3. Le MERLE est un oiseau de moyenne grandeur, qui a le plumage noir et le bec jaune ; il passe pour être très-prudent, et même rusé. Aussi dit-on d'un homme adroit et malin : *c'est un fin merle.*
4. Le PIVERT est un oiseau de la grosseur du merle, au plumage vert mêlé de rouge, et dont le cri est assez aigu.
5. On donne le nom de FAUSSET aux voix très-aiguës.
6. La PIE est bien connue. On sait qu'elle est d'humeur assez batailleuse. Aussi n'a-t-elle pas fait grâce au linot moqueur.
7. Le ROSSIGNOL et la FAUVETTE ont un chant infiniment supérieur à celui du linot.
8. « Pour abréger, pour tout dire en un mot. »

Ainsi l'adversité fit, dans un seul moment[1],
Ce que tant de leçons n'avaient jamais pu faire.

Ce n'est pas seulement aux *enfants gâtés* que s'adresse cette fable, mais encore aux mères qui *gâtent* leurs enfants. Quelle triste éducation que celle que la Linotte donne à son fils ! Il en est malheureusement souvent ainsi des fils uniques, qui ont des mères trop faibles. Le seul moyen de corriger ces enfants plus malheureux que coupables, c'est de les mettre en pension avec des enfants de leur âge. La pension, c'est le *grand bois*. Là, ils trouveront des *Piverts* et des *Pies*, qui les guériront en peu de temps de leurs défauts. Ils trouveront des *Rossignols* et des *Fauvettes*, c'est-à-dire des enfants plus instruits et plus aimables qu'eux, qui les guériront de leur erreur. Ils s'apercevront qu'on les a flattés à la maison paternelle, et qu'ils ne sont nullement des Phénix. Grâce à l'expérience et à l'exemple, ils deviendront *plus sages, plus modestes surtout*, et au lieu de *se faire haïr de tout le voisinage*, ils se feront aimer par leur douceur, par leur politesse et par leur modestie.

1. Cette expression n'est pas heureuse. Le mot MOMENT vient là pour rimer avec CHARMANT. Le linot n'a pas été guéri *en un seul moment*, puisqu'il a eu besoin d'être corrigé par le pivert et par la pie. Le poëte a voulu dire que la guérison n'a pas demandé beaucoup de temps.

FIN DU LIVRE DEUXIÈME.

LIVRE TROISIÈME.

FABLE I.

LES SINGES ET LE LÉOPARD.

Des singes dans un bois jouaient à la main chaude[1] ;
  Certaine guenon moricaude[2],
Assise gravement tenait sur ses genoux
La tête de celui qui, courbant son échine[3],
  Sur sa main recevait les coups.
  On frappait fort, et puis : Devine !
Il ne devinait point ; c'était alors des ris,
  Des sauts, des gambades, des cris[4].
Attiré par le bruit du fond de sa tanière,
Un jeune léopard, prince assez débonnaire[5],
Se présente au milieu de nos singes joyeux ;
Tout tremble à son aspect. Continuez vos jeux,
Leur dit le léopard, je n'en veux à personne :
  Rassurez-vous, j'ai l'âme bonne ;
Et je viens même ici, comme particulier[6],
  A vos plaisirs m'associer.

1. La MAIN-CHAUDE est un jeu très-bien décrit ici par Florian. On devine facilement d'où lui vient ce nom.
2. La GUENON est la femelle du Singe. MORICAUDE indique la couleur noirâtre de la Guenon.
3. « Courbant son dos. » L'ÉCHINE est l'épine du dos.
4. « Alors chacun riait, sautait, gambadait et criait. » Gallicisme.
5. Le LÉOPARD, comme son nom l'indique, tient du Lion et de la Panthère. Comme le Lion est le roi des animaux, Florian donne au Léopard le titre de prince. Le qualificatif DÉBONNAIRE, qui signifie *doux*, *indulgent*, a été donné à plusieurs rois. La peau du Léopard est, suivant la description de La Fontaine :
  « Pleine de taches, marquetée,
  « Et vergetée et mouchetée. »
        (*Le Singe et le Léopard.*)
6. « Non comme prince, mais comme un simple animal. »

Jouons, je suis de la partie.

— Ah ! monseigneur, quelle bonté !
Quoi ! votre Altesse veut, quittant sa dignité,
Descendre jusqu'à nous ? — Oui, c'est ma fantaisie.
Mon Altesse eut toujours de la philosophie[1],
     Et sait que tous les animaux
       Sont égaux.
Jouons donc, mes amis, jouons, je vous en prie.
Les singes enchantés crurent à ce discours,
     Comme l'on y croira toujours.
     Toute la troupe joviale
Se remet à jouer : l'un d'entre eux tend la main ;
     Le léopard frappe, et soudain
On voit couler du sang sous la griffe royale.
Le singe, cette fois, devina qui frappait ;
     Mais il s'en alla sans le dire[2].
Ses compagnons faisaient semblant de rire,
     Et le léopard seul riait.
Bientôt chacun s'excuse et s'échappe à la hâte,
     En se disant entre leurs dents[3] :
     Ne jouons point avec les grands,
Le plus doux a toujours des griffes à la patte[4].

Tous les grands ne ressemblent pas au Léopard de la
Fable. Il en est même qui ont donné des preuves remar-
quables de bonté et de condescendance : témoin le grand
Turenne, qui, frappé violemment un jour par un de ses laquais, tandis qu'il était accoudé à une fenêtre du palais, se
retourna pour jouir de la surprise de son serviteur. Celui-
ci, en effet, trompé par les apparences, avait cru frapper un
autre laquais de ses amis. Il expliqua son erreur, en priant

1. « J'ai toujours eu une idée vraie des hommes et des choses. »
2. Il n'osa pas indiquer le Léopard, de peur de s'attirer son
courroux.
3. « Tout bas. »
4. Comme dans la fable xviii du livre I, *La Taupe et les Lapins*,
le poète fait ici rimer PATTE avec HÂTE. C'est un défaut, l'*a bref*
de *patte* n'a pas du tout le même son que l'*a long* de *hâte*.

M. le vicomte de l'excuser. Turenne se contenta de répondre en souriant : « Vous auriez pu frapper moins fort. »

FABLE II.

L'INONDATION.

Des laboureurs vivaient paisibles et contents
    Dans un riche et nombreux village ;
Dès l'aurore ils allaient travailler à leurs champs ;
    Le soir, ils revenaient chantants [1]
    Au sein d'un tranquille ménage ;
    Et la nature [2] bonne et sage,
Pour prix de leurs travaux, leur donnait tous les ans
    De beaux blés et de beaux enfants.
Mais il faut bien souffrir, c'est notre destinée [3].
    Or, il arriva qu'une année,
    Dans le mois [4] où le blond Phébus [5]
S'en va faire visite au brûlant Sirius [6],
    La terre, de sucs épuisée [7],
    Ouvrant de toutes parts son sein,
    Haletait sous un ciel d'airain [8] :

1. Le participe présent est invariable. Pour être correct, Florian ne devait pas mettre d's à *chantant*. Il l'a fait pour le besoin de la rime, mais cet exemple n'est pas à imiter.
2. Nous avons déjà dit que, dans de semblables circonstances, le mot NATURE veut dire DIEU, le créateur et le conservateur de tout ce qui existe.
3. L'homme en effet doit souffrir sur la terre, afin de mériter d'être à jamais heureux dans le ciel.
4. « Dans le mois d'août. »
5. « Le soleil. » PHÉBUS ou Apollon était, selon les Grecs, le dieu de la lumière et de la poésie : il éclairait le monde ; il inspirait les poètes. On lui donnait une chevelure *blonde*, parce que cette couleur est celle du soleil.
6. SIRIUS est aujourd'hui la plus belle étoile du ciel. Le soleil se trouve avec elle depuis le 21 juillet jusqu'au 23 août. C'est le moment des grandes chaleurs, le temps de la *canicule*.
7. « Épuisée de sucs, » c'est-à-dire des forces qui font vivre les végétaux.
8. Lorsqu'un homme est accablé de chaleur, il *halète*, il est hors

Point de pluie et point de rosée.
Sur un sol crevassé on voit noircir le grain [1] ;
Les épis sont brûlés, et leurs têtes penchées
Tombent sur leurs tiges séchées.
On trembla de mourir de faim.
La commune s'assemble : en hâte on délibère ;
Et chacun, comme à l'ordinaire,
Parle beaucoup et rien ne dit [2].
Enfin quelques vieillards, gens de sens et d'esprit,
Proposèrent un parti sage [3] :
Mes amis, dirent-ils, d'ici vous pouvez voir
Ce mont peu distant du village :
Là se trouve un grand lac, immense réservoir
Des souterraines eaux qui s'y font un passage [4].
Allez saigner [5] ce lac ; mais sachez ménager
Un petit nombre de saignées,
Afin qu'à votre gré vous puissiez diriger
Ces bienfaisantes eaux dans vos terres baignées.
Juste quand il faudra nous les arrêterons.
Prenez bien garde au moins ! — Oui, oui [6], courons,

d'haleine. Le poète suppose qu'il en est de même de la terre ; elle est desséchée, elle se fend, elle semble demander de l'eau au ciel. Mais le *ciel est d'airain*, c'est-à-dire dur, impitoyable. Il offre l'aspect d'une voûte métallique, de laquelle ne tombe pas une goutte de pluie.

1. C'est par *hyperbole* que le poète fait *noircir* le grain par la chaleur. Mais celle-ci, en effet, quand elle saisit trop tôt les épis, empêche les grains de se développer, et sur les tiges desséchées, le cultivateur ne trouve pas de blé ; il tremble, il redoute la famine.

2. « Et ne dit rien. » Trop souvent, dans les assemblées, on rencontre des hommes, et surtout des jeunes gens qui aiment à parler, et qui parlent beaucoup, mais qui réellement ne disent rien de sage ; ils feraient mieux de se taire. Les bavards sont le fléau des assemblées.

3. Les vieillards sont gens d'expérience. Nous devons écouter leurs conseils avec respect.

4. On trouve en effet dans les chaînes de montagnes, au-dessus du niveau des vallées, des lacs où se conserve l'eau des sources ou de la fonte des neiges.

5. Cette expression rappelle l'opération qu'un chirurgien fait sur le bras d'un homme pour lui tirer du sang. *Saigner un lac*, c'est y pratiquer plusieurs petites ouvertures pour en tirer de l'eau.

6. Quel empressement ! Les malheureux ne laissent pas même les

S'écrie aussitôt l'assemblée.

    Et voilà mille jeunes gens

Armés d'hoyaux [1], de pics, et d'autres instruments,

Qui volent vers le lac [2]; la terre est travaillée

Tout autour de ses bords; on perce en cent endroits

      A la fois.

D'un morceau de terrain chaque ouvrier se charge :

    Courage, allons! point de repos!

L'ouverture jamais ne peut être assez large.

Cela fut bientôt fait. Avant la nuit, les eaux.

Tombant de tout leur poids sur leur digue affaiblie,

    De partout roulent à grands flots.

Transports et compliments de la troupe ébahie,

    Qui s'admire dans ses travaux [3].

Le lendemain matin, ce ne fut pas de même [4] :

On voit flotter les blés sur un océan d'eau ;

Pour sortir du village, il faut prendre un bateau ;

Tout est perdu, noyé. La douleur est extrême,

On s'en prend aux vieillards. C'est vous, leur disait-

    Qui nous coûtez notre moisson [5];   [on,

Votre maudit conseil... — Il était salutaire,

Répondit un d'entre eux; mais ce qu'on vient de faire

Est fort loin du conseil comme de la raison. [bonde [7]!

Nous voulions un peu d'eau, vous nous [6] lâchez la

vieillards achever leur phrase. Cette précipitation leur sera funeste.

1. « Armés de hoyaux. » Incorrection. L'h est aspirée.

2. Ils ne se contentent pas de courir, *ils volent*. Expression hyperbolique.

3. Tout cela s'est fait si promptement, que le poète semble n'avoir pas le temps, en le disant, de compléter ses phrases. *Transports et compliments de la troupe ébahie*, est une phrase elliptique pour · Tous ceux qui ont travaillé sont *ébahis*, stupéfaits du résultat de leurs travaux; ils éprouvent des *transports* de joie; ils s'adressent l'un à l'autre les plus beaux *compliments*.

4. « Le lendemain matin ils ne furent plus si enchantés. »

5. « C'est vous qui êtes cause de la perte de notre moisson. »

6. Nous avons déjà dit que ce pronom *nous* est ici inutile.

7. La BONDE est proprement la longue pièce de bois placée dans un trou à l'endroit le plus creux d'un étang; on la lève lorsqu'on veut laisser échapper l'eau. On appelle aussi *bonde* le trou rond fait

L'excès d'un très-grand bien devient un mal très-
   Le sage arrose doucement,   [grand.
   L'insensé tout de suite inonde.

Il semble que Florian ne se lasse point de nous faire comprendre que l'excès est toujours un défaut. Voilà des cultivateurs qui avaient besoin d'eau pour leurs champs; de
sages vieillards leur indiquent un moyen de s'en procurer.
Vite ils volent à la montagne, ils la perforent, et qu'en ré-
sulte-t-il ? Le remède, employé avec excès, devient pire que
le mal même. Ah! que cette leçon ne soit pas perdue pour
nous! Tant d'auteurs nous l'ont faite! *Souvent la peur d'un
mal nous conduit dans un pire*, dit BOILEAU; et il traduit la
pensée du poëte latin, HORACE. Mais surtout ne nous jetons
jamais dans le malheur par une précipitation insensée. N'u-
sons des meilleures choses qu'avec réserve et prudence, et
ne soyons pas assez fous pour imiter ces paysans qui inon-
dent leurs champs, en voulant les arroser. L'excès d'un très-
grand bien devient un mal très-grand.

FABLE III.

LE SANGLIER ET LES ROSSIGNOLS.

UN homme riche, sot et vain,
Qualités qui parfois marchent de compagnie [1],
Croyait pour tous les arts [2] avoir un goût divin [3],
Et pensait que son or lui donnait du génie [4].
Chaque jour à sa table on voyait réunis
Peintres, sculpteurs, savants, artistes, beaux esprits,

à un tonneau pour y introduire la liqueur, et le morceau de bois
qui sert à boucher ce trou.
  1. C'est-à-dire : La sottise et la vanité accompagnent parfois la
richesse Témoin l'homme de cette fable. Le mot QUALITÉS est ici
pris en mauvaise part, car la sottise et la vanité sont des vices de
l'esprit.
  2. Les arts, c'est-à-dire la poésie, la peinture, la musique, etc.
  3. « Un goût parfait, excellent. »
  4. Cette erreur est commune.

Qui lui prodiguaient les hommages[1],
Lui montraient des dessins, lui lisaient des ouvrages,
Ecoutaient les conseils qu'il daignait leur donner,
Et l'appelaient Mécène en mangeant son diner[2].
Se promenant un soir dans son parc solitaire,
Suivi d'un jardinier, homme instruit et de sens,
Il vit un sanglier qui labourait la terre[3],
Comme ils[4] font quelquefois pour aiguiser leurs
Autour du sanglier les merles, les fauvettes,   [dents.
Surtout les rossignols, voltigeant, s'arrêtant,
Répétaient à l'envi leurs douces chansonnettes,
        Et le suivaient toujours chantant.
L'animal écoutait l'harmonieux ramage
Avec la gravité d'un docte connaisseur,
Baissait parfois la hure[5] en signe de faveur,
Ou bien la secouant, refusait son suffrage.
        Qu'est ceci ? dit le financier :
        Comment! les chantres du bocage
Pour leur juge ont choisi cet animal sauvage ? —
        Nenni, répond le jardinier :
De la terre par lui fraîchement labourée
Sont sortis plusieurs vers, excellente curée[6]
        Qui seule attire ces oiseaux ;
        Ils ne se tiennent à sa suite

1. « Qui lui faisaient la cour, qui flattaient sa vanité. »
2. Mécène, un des ministres de l'empereur Auguste, fut l'ami de Virgile et d'Horace, et le protecteur des savants de son siècle. Son nom est devenu un *nom commun* pour désigner un homme puissant qui protége les savants et les artistes.
3. Belle expression que Florian répète plus loin. Les sangliers, pour trouver leur nourriture, remuent la terre comme ferait un instrument de labour.
4. Le pronom *ils* remplace ces mots : *les sangliers*, au pluriel, qui sont dans la pensée du poëte.
5. HURE est le nom de la tête du sanglier. Son museau s'appelle *groin* ou *boutoir*.
6. « Excellent repas. » La CURÉE est ce que l'on donne du cerf aux chiens qui l'ont chassé.

Que pour manger ces vermisseaux,
Et l'imbécile croit que c'est pour son mérite.

La leçon est dure; et, sans doute, notre homme riche,
mais sot et vain, ne la comprendra pas. Cependant le sanglier de la fable, autour duquel voltigeaient les oiseaux
chanteurs, est sa fidèle image. Les peintres, les artistes, les
beaux esprits, qui se tiennent à sa suite, ne sont là que pour
manger son dîner, et l'imbécile croit que c'est pour admirer
ses talents. La richesse attire les courtisans, comme la curée attire les chiens. C'est dans l'infortune que se montrent
les vrais amis. « Tant que tu seras heureux, dit le poëte latin
Ovide, tu compteras beaucoup d'amis, mais si le temps devient sombre, tu resteras seul. »

FABLE IV.

LE RHINOCÉROS ET LE DROMADAIRE [1].

Un rhinocéros jeune et fort
Disait un jour au dromadaire :
Expliquez-moi, s'il vous plaît, mon cher frère,
D'où peut venir pour nous l'injustice du sort [2].
L'homme, cet animal puissant par son adresse,
Vous recherche avec soin, vous loge, vous chérit,
De son pain même vous nourrit,
Et croit augmenter sa richesse
En multipliant votre espèce.
Je sais bien que sur votre dos
Vous portez ses enfants, sa femme, ses fardeaux;
Que vous êtes léger, doux, sobre, infatigable [3];
J'en conviens franchement : mais le rhinocéros

1. Le Rhinocéros est un grand quadrupède, un peu moins haut
que l'éléphant, mais aussi pesant. La corne qu'il a sur le nez lui a
fait donner ce nom. — Le Dromadaire est une espèce de chameau
qui a une seule bosse sur le dos. Il est plus répandu que le chameau
à deux bosses.
2. « Expliquez-moi pourquoi il y a tant de différence entre nos
destinées. Le sort est injuste à mon égard. »
3. Le chameau est en effet le plus sobre des animaux, et peut
passer plusieurs jours sans boire.

Des mêmes vertus est capable:
Je crois même, soit dit sans vous mettre en courroux,
  .Que tout l'avantage est pour nous:
    Notre corne et notre cuirasse [1]
    Dans les combats pourraient servir,
    Et cependant l'homme nous chasse,
Nous méprise, nous hait, et nous force à le fuir [2]. —
    Ami, répond le dromadaire,
  De notre sort ne soyez point jaloux [3];
C'est peu de servir l'homme, il faut encor lui plaire.
Vous êtes étonné qu'il nous préfère à vous;
Mais de cette faveur voici tout le mystère :
    Nous savons plier les genoux.

Plier les genoux devant quelqu'un, c'est se soumettre à lui, c'est être disposé à accomplir ses moindres volontés. L'HOMME, dont parlent le Rhinocéros et le Dromadaire, est l'emblème d'un roi, d'un maître absolu. Il ne veut pour ministres, pour serviteurs que des hommes qui savent *plier les genoux* devant lui. Vous lirez plus tard, dans les sermons que *Massillon* a faits pour un roi de votre âge, combien est vrai ce mot de Florian : *C'est peu de servir l'homme, il faut encor lui plaire !* Les courtisans obtiennent les faveurs du souverain, parce qu'ils savent plier les genoux. Mais le vrai mérite est négligé parce qu'il est, ou trop modeste pour s'empresser, ou trop noble pour devoir son élévation à des bassesses. L'intrigue supplante les plus grands talents ; des hommes souples et bornés s'élèvent aux premières places et les meilleurs sujets deviennent inutiles (*Petit. Carême* de Massillon, annoté par M. l'abbé Lagrange, p. 129.)

1. La peau du Rhinocéros est tellement dure, que le meilleur acler ne peut la couper qu'après plusieurs efforts. C'est pour cela que celui-ci dit, en parlant de cette peau : *notre cuirasse.*
2. C'est l'extrême docilité du Dromadaire qui le fait préférer au Rhinocéros. Les formes lourdes et massives de ce dernier le rendent d'ailleurs impropre au service de l'homme. Ajoutons qu'il est sauvage et intraitable, à moins d'avoir été pris très-jeune, et que, dans ce cas même, il a fréquemment des accès de fureur.
3. « Nous ne sommes pas si heureux que vous le pensez ; ne soyez pas jaloux de notre destinée. »

FABLE V.

LE LIÈVRE, SES AMIS, ET LES DEUX CHEVREUILS.

Un lièvre de bon caractère
Voulait avoir beaucoup d'amis.
Beaucoup! me direz-vous, c'est une grande affaire;
     Un seul est rare en ce pays.
J'en conviens; mais mon lièvre avait cette marotte [1],
     Et ne savait pas qu'Aristote [2]
Disait aux jeunes Grecs à son école admis:
     « Mes amis, il n'est point d'amis [3]. »
Sans cesse il s'occupait d'obliger et de plaire.
S'il passait un lapin, d'un air doux et civil,
Vite il courait à lui : Mon cousin, disait-il [4],
J'ai du beau serpolet tout près de ma tanière :
De déjeuner chez moi faites-moi la faveur.
S'il voyait un cheval paître dans la campagne,
Il allait l'aborder : Peut-être monseigneur [5]
A-t-il besoin de boire ; au pied de la montagne
     Je connais un lac transparent

1. « Avait cette manie, cette passion. » De même que les petites filles ont toujours en main leur *poupée*, ou, pour employer le vieux mot, leur *marotte*, de même certains hommes ont toujours en tête une idée que rien ne peut leur faire oublier.

2. ARISTOTE, philosophe grec, qui fut le précepteur d'Alexandre le Grand. Il fonda une école célèbre dans le *Lycée*, promenade d'Athènes. Ceux qui venaient l'écouter furent appelés *péripatéticiens* (de deux mots grecs qui signifient, l'un : *se promener*, et l'autre : *autour*), parce qu'ils répétaient les leçons du maître en *se promenant*.

3. C'est une manière de parler qu'on appelle *hyperbole*. *Il n'est point d'amis*, c'est-à-dire il y a peu d'amis. La Fontaine a dit :
     Rien n'est plus commun que le nom,
     Rien n'est plus rare que la chose.

4. Le Lapin est de la *famille* du Lièvre. C'est pourquoi celui-ci l'appelle : *mon cousin*.

5. Remarquez cette manière polie de parler à un grand personnage.

Qui n'est jamais ridé[1] par le moindre zéphyre[2] :
  Si monseigneur veut, dans l'instant,
  J'aurai l'honneur de l'y conduire.
    Ainsi, pour tous les animaux,
    Cerfs, moutons, coursiers, daims, taureaux,
Complaisant, empressé, toujours rempli de zèle,
Il voulait de chacun faire un ami fidèle,
Et s'en croyait aimé parce qu'il les aimait[3].
Certain jour que, tranquille en son gîte il dormait[4],
Le bruit du cor l'éveille : il décampe au plus vite ;
    Quatre chiens s'élancent après ;
    Un maudit piqueur les excite ;
Et voilà notre lièvre arpentant les guérets[5].
Il va, tourne, revient, aux mêmes lieux repasse,
    Saute, franchit un long espace
Pour dévoyer[6] les chiens, et, prompt comme l'éclair[7],
    Gagne pays, et puis s'arrête :
    Assis, les deux pattes en l'air,
L'œil et l'oreille au guet, il élève la tête,
Cherchant s'il ne voit point quelqu'un de ses amis.
    Il aperçoit dans le taillis
Un lapin que toujours il traita comme un frère[8] ;
Il y court : Par pitié, sauve-moi, lui dit-il ;
    Donne retraite à ma misère,

1. Expression poétique, imitée de LA FONTAINE :
        Le moindre vent qui d'aventure
        Fait *rider* la face de l'eau.
                        (*Le Chêne et le Roseau.*)
  2. LA FONTAINE (même fable) a écrit *zéphyr* sans E final et avec raison.
  3. Cette erreur est d'autant plus excusable, que pour se faire aimer des autres le seul moyen est de montrer qu'on les aime.
  4. Comparez LA FONTAINE (*le Lièvre et les Grenouilles*).
  5. « Courant de tous côtés dans les champs. » On nomme GUÉRET une terre labourée et non ensemencée. Mais, en poésie, on dit *les guérets* pour *les champs* en général.
  6. Mot qui a vieilli. On dit aujourd'hui : dépister.
  7. Comparaison et hyperbole.
  8. Sans doute le cousin de tout à l'heure, à qui si généreusement le Lièvre offrait un déjeuner au serpolet.

Ouvre-moi ton terrier ; tu vois l'affreux péril... —
Ah ! que j'en suis fâché ! répond d'un air tranquille
Le lapin. Je ne puis t'offrir mon logement,
    Ma femme accouche en ce moment :
Sa famille et la mienne [1] ont rempli mon asile.
    Je te plains bien sincèrement ;
Adieu, mon cher ami. — Cela dit, il s'échappe,
    Et voici la meute qui jappe [2].
Le pauvre lièvre part. A quelques pas plus loin,
Il rencontre un taureau que cent fois, au besoin,
Il avait obligé ; tendrement il le prie
D'arrêter un moment cette meute en furie
    Qui de ses cornes aura peur.
Hélas ! dit le taureau, ce serait de grand cœur,
Si j'en avais le temps...—Notre lièvre, hors d'haleine,
Implore vainement un daim, un cerf dix cors [3],
Ses amis les plus sûrs ; ils l'écoutent à peine,
    Tant ils ont peur du bruit des cors.
Le pauvre infortuné, sans force et sans courage,
Allait se rendre aux chiens, quand du milieu du bois
Deux chevreuils reposant sous le même feuillage
    Des chasseurs entendent la voix :
L'un d'eux se lève et part ; la meute sanguinaire [4]
    Quitte le lièvre, et court après.
    En vain le piqueur en colère
Crie, et jure, et se fâche : à travers les forêts
    Le chevreuil emmène la chasse,
Va faire un long circuit, et revient au buisson
    Où l'attendait son compagnon,
    Qui dans l'instant part à sa place.

1. « Ses parents et les miens. »
2. « Qui aboie. » Japper est imitatif.
3. Les veneurs appellent *cerf dix cors* un cerf qui est dans sa septième année. Jusque-là on le qualifie de *jeune cerf* ; après, il a nom *vieux cerf.*
4. « Les chiens qui volontiers boiraient *le sang* de l'animal qu'ils chassent. »

Celui-ci fait de même ; et, pendant tout le jour,
Les deux chevreuils lancés et ' quittés tour à tour,
    Fatiguent la meute obstinée.
    Enfin les chasseurs, tout honteux,
Prennent le bon parti de retourner chez eux.
    Déjà la retraite est sonnée,
Et les chevreuils rejoints '. Le lièvre palpitant
S'approche, et leur raconte, en les félicitant,
Que ses nombreux amis, dans ce péril extrême,
L'avaient abandonné. — Je n'en suis pas surpris,
Répond un des chevreuils : à quoi bon tant d'amis ?
    Un seul suffit, quand il nous aime.

Cette fable met en lumière une vérité que nous avons déjà
exprimée : C'est dans l'infortune que se montrent les vrais
amis. Quant à ceux qui prennent ce titre sans en avoir le caractère, ils abandonnent dès l'apparition du danger celui
qui croyait avoir mérité leur amitié. Comme dit un bon
vieux poëte français :

    Ce sont amis que vent emporte ;
    Et il ventait devant ma porte.

Au lieu de secourir l'infortuné qui les implore, l'un prétexte des embarras de famille ; l'autre le *ferait de grand
cœur*, mais il n'en a pas le temps. Et cependant le bon lièvre, qui sans cesse s'occupait d'obliger et de plaire, avait
cent fois obligé le Lapin et le Bœuf. Les ingrats se contentent de le plaindre *bien sincèrement*, mais ils l'abandonnent
avec lâcheté. Le pauvre Lièvre doit maintenant savoir qu'il
ne faut pas compter sur les nombreux amis des jours heureux. Ceux-là ne nous aiment pas, ils aiment notre fortune,
nos présents, notre dîner. Un seul ami suffit, quand il nous
aime. Témoin les deux chevreuils de la fable, qui s'exposant
tour à tour au danger, finissent par dépister et fatiguer la
meute, de sorte que chacun d'eux pouvait dire : « J'ai sauvé
mon ami. »

1. Terme de vénerie. *Lancer un cerf*, c'est le faire sortir de sa
retraite et poursuivre par les chiens.
2. « Réunis. » Tout danger disparu, les deux chevreuils *se rejoi-
gnent au milieu du bois.*

FABLE VI.

LES DEUX BACHELIERS.

DEUX jeunes bacheliers logés chez un docteur
    Y travaillaient avec ardeur
A se mettre en état de prendre leurs licences [1].
Là, du matin au soir, en public disputant,
    Prouvant, divisant, ergotant [2]
    Sur la nature et ses substances,
L'infini, le fini, l'âme, la volonté,
Les sens, le libre arbitre et la nécessité,
Ils en étaient bientôt à ne plus se comprendre;
Même par là souvent l'on dit qu'ils commençaient;
    Mais c'est alors qu'ils se poussaient
Les plus beaux arguments. Qui venait les entendre
    Bouche béante demeurait,
Et leur professeur même en extase admirait.
Une nuit qu'ils dormaient dans le grenier du maître
Sur un grabat commun, voilà mes jeunes gens
    Qui, dans un rêve pensent être
    A se disputer sur les bancs.
Je démontre, dit l'un. — Je distingue, dit l'autre [3].
Or, voici mon dilemme [4]. — Ergo, voici le nôtre...
A ces mots, nos rêveurs, criants, gesticulants [5],
Au lieu de s'en tenir aux simples arguments
D'Aristote ou de Scot [6], soutiennent leur dilemme

1. Un BACHELIER est celui qui a été promu au *Baccalauréat*, premier degré que l'on prend dans une faculté. La *Licence* en est le second, et le *Doctorat* le troisième.
2. Ceux qui aiment à argumenter, disent souvent *ergo, ergo*, mot latin qui signifie *donc*, et duquel on a fait le verbe ERGOTER, c'est-à-dire argumenter sur tout et sans cesse.
3. Termes d'argumentations.
4. Un DILEMME est une espèce d'argument.
5. La grammaire n'approuve pas l's final de ces mots. Le participe présent est invariable.
6. Voyez pour ARISTOTE la note 2 de la page 94. — SCOT est un

De coups de poing bien assénés
Sur le nez.
Tous deux sautent du lit dans une rage extrême,
Se saisissent par les cheveux,
Tombent, et font tomber pêle-mêle avec eux
Tous les meubles qu'ils ont, deux chaises, une table,
Et quatre in-folios [1] écrits sur parchemin.
Le professeur arrive, une chandelle en main,
A ce tintamarre effroyable :
Le diable est donc ici! dit-il tout hors de soi.
Comment! sans y voir clair et sans savoir pourquoi,
Vous vous battez ainsi! Quelle mouche vous pique [2]? —
Nous ne nous battons point, disent-ils; jugez mieux :
C'est que nous repassons tous deux
Nos leçons de métaphysique [3].

Florian s'est moqué dans cette fable des abus qui s'étaient introduits au moyen âge dans les *écoles.* La trop grande *ardeur* que les écoliers mettaient à l'étude de la philosophie les poussait quelquefois, comme les deux Bacheliers dont il est ici question, à crier, à gesticuler, à se battre même, pour défendre leurs idées. Cette manie, si nous en croyons le fabuliste, les poursuivait jusque dans leur sommeil. On prétend même que plus d'une fois les antagonistes oubliaient de boire et de manger, et tombaient, à la fin de leur discussion, épuisés de fatigue et morts de faim. *L'excès en tout est un défaut.* Le goût pour l'étude ne doit pas dégénérer en passion violente.

moine du IXe siècle que le roi Charles le Chauve fit venir d'Irlande en France. Il y a un autre SCOT, plus célèbre, qu'on appelle ordinairement DUNS SCOT. Il vécut au XIIIe siècle, professa à Oxford, à Paris, à Cologne, et composa de nombreux ouvrages sur Aristote et sa doctrine.

1. Les IN-FOLIO sont les plus grands livres qu'on fasse en librairie. Ce mot ne prend pas d's au pluriel.

2. Expression figurée : « Quel sujet avez-vous de vous mettre en colère? »

3. La MÉTAPHYSIQUE est une science qui s'occupe des objets dont il est parlé au commencement de cette fable, de l'infini, du fini, etc. On apprend ces choses dans la classe de *Philosophie.*

FABLE VII.

LE ROI ALPHONSE.

CERTAIN roi qui régnait sur les rives du Tage[1],
    Et que l'on surnomma *le Sage,*
    Non parce qu'il était prudent,
    Mais parce qu'il était savant,
Alphonse fut surtout un habile astronome[2].
Il connaissait le ciel bien mieux que son royaume,
    Et quittait souvent son conseil
    Pour la lune ou pour le soleil.
Un soir qu'il retournait à son observatoire[3],
    Entouré de ses courtisans :
Mes amis, disait-il, enfin j'ai lieu de croire
    Qu'avec mes nouveaux instruments
Je verrai, cette nuit, des hommes dans la lune. —
    Votre Majesté les verra,
Répondait-on ; la chose est même trop commune :
    Elle doit voir mieux que cela[4].

1. Le TAGE est un fleuve qui a sa source en Espagne et son em-
bouchure en Portugal, près de Lisbonne. Alphonse X, surnommé *le
Sage,* fut roi de Léon et de Castille en Espagne, de 1252 à 1282.
Il fit preuve de science, dit l'histoire, mais non d'habileté politique.
    2. L'astronomie s'occupe des astres, de leurs mouvements et de
leur nature. C'est une science peu utile aux rois.
    3. L'OBSERVATOIRE est un grand édifice destiné aux *observations*
astronomiques. La tour de Babel a longtemps servi d'observatoire
aux bergers chaldéens, qui furent les premiers astronomes.
    4. Quelle flatterie! Nous voudrions bien savoir ce que le roi Al-
phonse pouvait *voir de mieux que* des hommes dans la lune. Généralement les flatteries sont aussi ridicules qu'insensées ; il faut être
bien aveugle ou bien sot pour y ajouter foi. Mais le roi ne pouvait
pas même espérer de voir quelque chose dans la lune ; car les
instruments astronomiques de cette époque, si toutefois il en existait,
devaient être des plus grossiers. De nos jours, où les savants ont des
instruments d'une force et d'une précision admirables, on a décou-
vert à la surface de la lune des inégalités qui ne peuvent être que
des montagnes. On a même pu en calculer la hauteur. On sait aussi
qu'il n'y a pas d'eau, ni d'air. Voilà tout.

Pendant tous ces discours, un pauvre, dans la rue,
S'approche en demandant humblement, chapeau bas,
Quelques maravédis [1] : le roi ne l'entend pas
Et, sans le regarder, son chemin continue [2].
Le pauvre suit le roi, toujours tendant la main,
Toujours renouvelant sa prière importune :
Mais, les yeux vers le ciel, le roi, pour tout refrain,
Répétait : Je verrai des hommes dans la lune.
    Enfin le pauvre le saisit
Par son manteau royal, et gravement lui dit :
Ce n'est pas de là-haut, c'est des lieux où nous sommes
    Que Dieu vous a fait souverain.
Regardez à vos pieds ; là vous verrez des hommes,
    Et des hommes manquant de pain.

Les paroles du Pauvre au Roi renferment en effet une *grave* leçon. Mais ce n'est pas à un mendiant de faire la leçon aux rois. Ce rôle ne convient pas à sa position. Résumons néanmoins en trois mots la morale de cette fable : *Chacun son métier.* Les rois ne sont pas faits pour étudier les astres, mais pour gouverner les peuples et les rendre heureux. De même les savants doivent s'occuper de science et non des affaires du gouvernement. Et nous autres, jeunes élèves d'une maison d'éducation, nous avons notre ligne de conduite entièrement tracée. *C'est des lieux où nous sommes* que nous devons suivre la règle et les usages, sans nous préoccuper de ce qui se passe ailleurs. Aux maîtres d'enseigner ; aux disciples de recueillir l'enseignement d'une oreille attentive et d'un cœur bien disposé.

FABLE VIII.

LE RENARD DÉGUISÉ.

Un renard plein d'esprit, d'adresse, de prudence,

1. Les MARAVÉDIS étaient une très-petite monnaie espagnole de la valeur de un centime et demi.
2. « Continue son chemin. » Inversion très-usitée dans les poètes du xv⁰ et xvi⁰ siècle, mais qui n'était plus permise au xviii⁰.

A la cour d'un lion servait depuis longtemps ;
    Les succès les plus éclatants
Avaient prouvé son zèle et son intelligence.
Pour peu qu'on l'employàt, toute affaire allait bien,
On le louait beaucoup, mais sans lui donner rien ;
Et l'habile renard était dans l'indigence.
    Lassé de servir des ingrats,
De réussir toujours sans en être plus gras,
Il s'enfuit de la cour ; dans un bois solitaire
    Il s'en va trouver son grand-père,
Vieux renard retiré, qui jadis fut vizir[1].
Là, contant ses exploits, et puis les injustices,
    Les dégoûts qu'il eut à souffrir,
Il demande pourquoi de si nombreux services
    N'ont jamais pu rien obtenir.
Le bonhomme renard, avec sa voix cassée,
Lui dit : Mon cher enfant, la semaine passée,
Un blaireau[2], mon cousin, est mort dans ce terrier :
    C'est moi qui suis son héritier,
J'ai conservé sa peau ; mets-la dessus la tienne,
Et retourne à la cour. Le renard avec peine
Se soumit au conseil : affublé de la peau
    De feu son cousin le blaireau,
Il va se regarder dans l'eau d'une fontaine,
Se trouve l'air d'un sot, tel qu'était le cousin.
Tout honteux, de la cour il reprend le chemin.
Mais quelques mois après, dans un riche équipage,
Entouré de valets, d'esclaves, de flatteurs,
    Comblé de dons et de faveurs,
Il vient de sa fortune au vieillard faire hommage[3] :

---

1. « Qui jadis avait été premier ministre de la cour du lion. »
2. Le BLAIREAU est un animal de la grosseur du renard, mais il ressemble à l'ours, dont il a les habitudes. Il se creuse au fond des bois un *terrier* sombre dans lequel il se tient tout le jour, ne sortant que le soir pour aller à la recherche de sa nourriture
3. « Il vient remercier le vieux renard du conseil qu'il en a reçu, conseil auquel il doit sa fortune. »

Il était grand vizir : Je te l'avais bien dit,
　　S'écrie alors le vieux grand-père.
Mon ami, chez les grands quiconque voudra plaire,
　　Doit d'abord cacher son esprit.

La jalousie est naturelle à l'homme. Nous n'aimons à pro-
téger que ceux qui ne nous portent pas ombrage. Voilà
pourquoi le vieux Renard dit que pour plaire il faut cacher
son esprit. Cette fable est donc encore une satire. Mais ce
n'est pas de la peau du blaireau qu'il faut couvrir nos talents ; ce vêtement est celui de la sottise, et il n'est pas à
désirer de paraître sot. Soyons modestes ; employons toute
notre intelligence à nos travaux, mais ne recherchons ni les
louanges, ni les récompenses. Le vêtement de la modestie
nous attirera tous les cœurs ; nous plairons à tous en cachant notre esprit.

FABLE IX.

LES ENFANTS ET LES PERDREAUX.

Deux enfants d'un fermier, gentils, espiègles, beaux,
　　Mais un peu gâtés par leur père,
　　Cherchant des nids dans leur enclos,
　　Trouvèrent de petits perdreaux
　　Qui voletaient après leur mère.
Vous jugez de leur joie, et comment mes bambins [1]
　　A la troupe qui s'éparpille
　　Vont partout couper les chemins,
　　Et n'ont pas assez de leurs mains
　　Pour prendre la pauvre famille [2] !
La perdrix, traînant l'aile, appelant ses petits,
　　Tourne en vain, voltige, s'approche :
　　Déjà mes jeunes étourdis

1. « Mes bambins, » c'est-à-dire : les deux enfants dont j'ai parlé
dans mes vers. Bambin n'est pas aussi méprisant que gamin, qui
aurait mieux rimé avec chemin.
2. Bien malheureuse en effet, car elle va être la victime de deux
petits bourreaux.

Ont toute sa couvée en poche.
Ils veulent partager, comme de bons amis ;
Chacun en garde six, il en reste un treizième :
    L'aîné le veut, l'autre le veut aussi.   [bleu, si,
— Tirons au doigt mouillé, — Parbleu, non. — Par-
— Cède, ou bien tu verras, — Mais tu verras toi-
De propos en propos, l'aîné, peu patient, [même,
      Jette à la tête de son frère
Le perdreau disputé. Le cadet, en colère,
      D'un des siens riposte à l'instant,
      L'aîné recommence d'autant ;
Et ce jeu qui leur plait couvre autour d'eux la terre
      De pauvres perdreaux palpitants [1].
Le fermier, qui passait en revenant des champs,
      Voit ce spectacle sanguinaire,
      Accourt, et dit à ses enfants :
Comment donc, petits rois [2], vos discordes cruelles
Font que tant d'innocents expirent par vos coups ?
De quel droit, s'il vous plait, dans vos tristes que-
      Faut-il que l'on meure pour vous ?   [relles,

Cette fable nous montre des enfants mal élevés qui se querellent pour un pauvre petit oiseau, quoiqu'ils en aient déjà six *en poche*. La querelle dégénère en bataille, et les treize perdreaux sont victimes de la méchanceté des deux frères. Florian, qui les qualifie de *gentils*, a soin de nous dire qu'ils avaient été *un peu gâtés par leur père*. Voilà les résultats d'une mauvaise éducation. Sans nécessité et sans pitié, ces enfants poursuivent la *pauvre famille* de la perdrix ; les efforts de la jeune mère pour sauver ses petits ne touchent pas leur cœur endurci. En vain, elle *traîne l'aile* pour attirer les persécuteurs à elle, et les éloigner de sa couvée. Les cruels finissent par se faire *un jeu* de la mort des petits perdreaux ; ils se les jettent à la tête. Le père a bien raison de leur reprocher leur conduite. Ecoutez ses reproches, vous qui avez parfois été assez cruels pour aller

1. « Agités d'un tremblement convulsif. »
2. « Vous faites comme ces rois, dont les discordes ensanglantent les royaumes. »

détruire les nids d'oiseaux ! De quel droit volez-vous à ces
êtres charmants leurs œufs et leurs petits? Ne mériteriez-
vous pas une punition? La loi est sévère pour les déni-
cheurs ! Que la vilaine action des enfants dont parle Florian
vous inspire une juste horreur, et vous fasse prendre la
résolution de ne jamais voler les œufs des petits oiseaux, de
ne jamais enlever leurs jeunes, de ne jamais détruire leurs
nids!

FABLE X.

L'HERMINE, LE CASTOR ET LE SANGLIER.

UNE hermine, un castor[1], un jeune sanglier,
Cadets de leur famille, et partant sans fortune[2],
   Dans l'espoir d'en acquérir une,
Quittèrent leur forêt, leur étang, leur hallier[3].
Après un long voyage, après mainte aventure[4],
   Ils arrivent dans un pays
   Où s'offrent à leurs yeux ravis
   Tous les trésors de la nature,
Des prés, des eaux, des bois, des vergers pleins de
Nos pèlerins[5], voyant cette terre chérie,   [fruits.

1. L'HERMINE est un petit animal du genre martre. On l'appelle
aussi Roselet. Elle est rousse en été, blanche en hiver, avec le bout
de la queue noire. Elle habite les granges, où elle mange les mulots
et les souris. Sa fourrure d'hiver est très-connue et très-recherchée.
  Les CASTORS sont des animaux assez grands, dont la fourrure est
précieuse. On appelle de leur nom les chapeaux que l'on fait avec
leur poil. Ces animaux sont très-industrieux, bâtissent des huttes,
maçonnent des digues, élèvent des ponts, etc., etc.
2. « Et par conséquent sans fortune. » Du temps de Florian, les
fils aînés héritaient seuls de la fortune de leurs pères; les plus
jeunes enfants, c'est-à-dire les cadets, étaient souvent obligés de
quitter leur famille pour aller chercher fortune ailleurs. Aujourd'hui,
tous les enfants sans exception ont droit à l'héritage paternel.
3. Le sanglier quitte sa forêt; le castor, son étang; l'hermine, son
hallier. Un HALLIER est un groupe d'arbrisseaux et de buissons fort
épais, où les hermines, comme les lièvres, trouvent un abri contre
les poursuites du chasseur.
4. « Après un certain nombre d'aventures. » MAINT dit plus que
quelque, et moins que beaucoup.
5. « Nos voyageurs. » Un pèlerin est un homme qui voyage par
dévotion.

Eprouvent les mêmes transports
Qu'Enée et ses Troyens en découvrant les bords
   Du royaume de Lavinie [1].
Mais ce riche pays était de toutes parts
   Entouré d'un marais de bourbe,
   Où des serpents et des lézards
   Se jouait l'effroyable tourbe [2].
Il fallait le passer, et nos trois voyageurs
S'arrêtent sur le bord étonnés et rêveurs.
L'hermine la première avance un peu la patte ;
   Elle la retire aussitôt,
   En arrière elle fait un saut,
En disant : Mes amis, fuyons en grande hâte [3];
Ce lieu, tout beau qu'il est, ne peut nous convenir :
Pour arriver là-bas il faudrait se salir ;
   Et moi je suis si délicate,
   Qu'une tache me fait mourir [4]. —
Ma sœur, dit le Castor, un peu de patience ;
On peut, sans se tacher, quelquefois réussir :

1. Ce serait le cas de répéter la réflexion naïve de La Fontaine, dans sa fable de la *La Tortue et les deux Canards* (Ed. Belin, page 232) :

   « .... On ne s'attendait guère
   De voir *Enée* en cette affaire. »

FLORIAN fait allusion à un passage de l'*Enéide*, poëme de *Virgile*, livre III, vers 521-522. ENEE, fils d'Anchise, a quitté *Troie* pour venir en Italie chercher une nouvelle patrie. Après de longues courses sur terre et sur mer, il découvre enfin les bords du royaume où vivait LAVINIE, fille du roi Latinus, et où il doit régner lui-même après avoir épousé cette princesse.

2. « Où l'effroyable tourbe des serpents et des lézards se jouait. » *Inversion.* Ce pays était entouré d'un marais bourbeux, où il y avait beaucoup de serpents et de lézards.

3. A est long dans *hâte* est bref dans *patte.* Ces deux mots par conséquent ne riment pas bien ensemble. (Note 4, page 86.)

4. L'hermine est portée dans le blason parce qu'elle est le symbole de la pureté ; *car*, dit un vieil auteur, *l'hermine est la peau d'une petite bestelette blanche, de la forme d'une mustelle* (du latin *mustela*, belette), *ayant cela de propre naturellement qu'elle aime mieux se laisser prendre et perdre la vie que de passer par un lieu infect et plein de boue, là où elle salirait sa belle peau.*

Il faut alors du temps et de l'intelligence :
Nous avons tout cela. Pour moi, qui suis maçon,
Je vais en quinze jours vous bâtir un beau pont
Sur lequel nouspourrons, sans craindre les morsures
De ces vilains serpents, sans gâter nos fourrures,
Arriver au milieu de ce charmant vallon. —
    Quinze jours ! ce terme est bien long,
Répond le sanglier ; moi, j'y serai plus vite[1] :
Vous allez voir comment. En prononçant ces mots,
    Le voilà qui se précipite
Au plus fort du bourbier, s'y plonge jusqu'au dos,
A travers les serpents, les lézards, les crapauds[2],
Marche, pousse à son but, arrive plein de boue ;
    Et là, tandis qu'il se secoue,
Jetant à ses amis un regard de dédain :
Apprenez, leur dit-il, comme on fait son chemin[3].

Pour faire fortune, on peut, *sans se facher, quelquefois réussir*. Il faut alors *du temps et de l'intelligence*. Ainsi parle l'industrieux Castor. La charmante Hermine a bien raison de ne pas vouloir salir sa blanche robe, symbole de pureté et d'innocence, et elle fera bien d'attendre que le pont soit bâti. Mieux vaut ne jamais posséder de richesses que de les acquérir en perdant son honneur, en salissant sa réputation. Quant au Sanglier, il n'a rien à perdre. Cet animal est le symbole des hommes à l'intelligence obtuse, au caractère féroce et brutal. Comme le *cochon*, qui est un sanglier domestique, son plaisir est de se vautrer dans la fange. Voilà pourquoi le fabuliste le fait plonger jusqu'au dos dans le bourbier. Nous blâmons le *regard de dédain* qu'il jette à

1. Le sanglier n'a pas peur de gâter sa peau !
2. Les lézards ne sont pas dangereux. Ces petits animaux, que tout le monde connaît, vivent sous les souches au milieu des bois, ou viennent se chauffer, contre un mur aux rayons du soleil. — Les crapauds habitent parfois les mares infectes, il est vrai, mais ils ne sont pas non plus à craindre. C'est bien à tort qu'on les croit venimeux. On appelle SERPENTS en général, les vipères, les couleuvres, en un mot, les reptiles. Tous ne sont pas dangereux, loin de là ! De tous, la vipère est le reptile dont la morsure est le plus venimeuse.
3. « Comment on fait fortune. »

l'Hermine et au Castor, *ses amis*, ou plutôt, ses compagnons ; ce regard prouve l'orgueil et l'endurcissement du Sanglier ; il est fier d'*avoir fait son chemin*, et il n'a pas honte de s'être sali en route ; il est endurci au mal. Ah ! combien nous aimons mieux la sensibilité délicate de l'Hermine, et son horreur instinctive de toute souillure !

FABLE XI.

LA BALANCE DE MINOS.

Minos[1] , ne pouvant plus suffire
Au fatigant métier d'entendre et de juger
Chaque ombre descendue au ténébreux empire,
    Imagina, pour abréger,
    De faire faire une balance
Où dans l'un des bassins il mettait à la fois
  Cinq ou six morts, dans l'autre un certain poids
    Qui déterminait la sentence.
Si le poids s'élevait, alors plus à loisir
    Minos examinait l'affaire ;
    Si le poids baissait, au contraire,
    Sans scrupule il faisait punir.
La méthode était sûre, expéditive et claire[2] ;
Minos s'en trouvait bien. Un jour, en même temps,
    Au bord du Styx[3] la Mort[4] rassemble
Deux rois, un grand ministre, un héros, trois savants.

1. Minos, selon les récits fabuleux de la mythologie, était fils de Jupiter et d'Europe. Après avoir régné sur les habitants de l'île de Crète, il devint juge aux enfers, avec Rhadamante et Œacus.

2. Cette méthode était basée sur ce principe : plus un homme a de vertu, plus il a de mérite, plus il doit peser dans la balance. Le vice étant le contraire de la vertu, les hommes pesaient d'autant moins qu'ils étaient plus vicieux.

3. Le Styx était un fleuve des enfers. Son eau, d'après les anciens, était un poison mortel pour les hommes et les animaux.

4. Les anciens avaient fait de la Mort la plus implacable des déesses. Les poètes la représentaient n'ayant que les os, des ailes et quelquefois une faux.

Minos les fait peser ensemble :
Le poids s'élève ; il en met deux,
Et puis trois, c'est en vain ; quatre ne font pas mieux [1].
Minos, un peu surpris, ôte de la balance
Ces inutiles poids, cherche un autre moyen ;
Et, près de là voyant un pauvre homme de bien
Qui, dans un coin obscur, attendait en silence,
Il le met seul en contre-poids :
Les sept ombres alors s'élèvent à la fois.

Florian nous apprend deux choses par cette fable : 1° C'est principalement par la vertu que l'homme a du poids, c'est-à-dire, *de la valeur ;* 2° un homme de bien, quelque pauvre qu'il soit, peut *peser* davantage, c'est-à-dire valoir mieux que sept personnages réunis, fussent-ils rois, ministres, héros ou savants. — Ne cherchons donc pas les honneurs ; soyons enfants modestes pour devenir un jour hommes de bien ; car Dieu, le souverain juge, qui appellera tous les hommes à son tribunal, ne pèsera que nos vertus. Malheur à nous, si nous sommes trouvés trop légers !

FABLE XII.

LE PAON, LES DEUX OISONS ET LE PLONGEON [2].

Un paon faisait la roue [3], et les autres oiseaux
Admiraient son brillant plumage [4].
Deux oisons nasillards [5], du fond d'un marécage,

1. « Les sept morts pesaient plus que les quatre poids. »
2. Vous connaissez le PAON, un de ces oiseaux qu'on ne peut décrire, et qu'on ne peut se lasser de voir. — On appelle oisons les petits de l'*oie.* — Le PLONGEON est un oiseau essentiellement aquatique.
3. « Un paon relevait les plumes de sa queue. » Ces plumes, au nombre de dix-huit, étalées en rond, réunissent toutes les couleurs de l'arc-en-ciel.
4. « Si l'empire appartenait à la beauté, dit Buffon, le paon serait sans contredit le roi des oiseaux »
5. Les oies ont la voix très-bruyante. Leur caquetage est nasillard, c'est-à-dire ressemblant à celui qu'on produit en parlant du nez.

Ne remarquaient que ses défauts.
Regarde, disait l'un, comme sa jambe est faite,
Comme ses pieds sont plats, hideux.
Et son cri, disait l'autre, est si mélodieux,
Qu'il fait fuir jusqu'à la chouette [1].
Chacun riait alors du mot qu'il avait dit.
Tout à coup un plongeon sortit:
Messieurs, leur cria-t-il, vous voyez d'une lieue [2]
Ce qui manque à ce paon: c'est bien voir, j'en conviens;
Mais votre chant, vos pieds, sont plus laids que les
Et vous n'aurez jamais sa queue.   [siens [3],

Quel vilain rôle jouent ces deux oisons! Du fond d'un marécage, ils jettent un regard envieux et jaloux sur le paon. Ils se gardent bien d'admirer son brillant plumage.

Les enfants orgueilleux et stupides n'admirent qu'eux-mêmes. C'est pour eux un triomphe de faire remarquer les défauts des autres et de rire de ces remarques ironiques. Ils se croient si beaux, eux, et si spirituels. Mais, comme l'observe avec justice le sage plongeon, ils sont encore plus laids, plus sots que ceux dont ils se moquent. La Fontaine l'a dit:

Lynx envers nos pareils et taupes envers nous,
Nous nous pardonnons tout et rien aux autres hommes.
On se voit d'un autre œil qu'on ne voit son prochain.
(Liv. I, fab. 8, *La Besace*, éd. BELIN, page 10.)

FABLE XIII.

LE HIBOU, LE CHAT, L'OISEAU ET LE RAT.

De jeunes écoliers avaient pris dans un trou
Un hibou [4],

1. « Qu'il fait fuir même la chouette. » Cet oiseau de nuit a un cri désagréable.
2. Expression hyperbolique : « Vous voyez de loin. »
3. Le paon n'a point la voix agréable, il est vrai, ni les pattes belles; mais les oisons ne sont pas plus favorisés sous ce rapport.
4. Le hibou est un oiseau de proie nocturne, qui niche en effet dans les trous de rochers, dans les creux d'arbres, dans les crevasses des vieilles masures. Il chasse la nuit, et reste complétement immobile pendant le jour.

Et l'avaient élevé dans la cour du collége.

Un vieux chat, un jeune oison [1],
Nourris par le portier, étaient en liaison
Avec l'oiseau; tous trois avaient le privilége
D'aller et de venir par toute la maison.

A force d'être dans la classe [2],
Ils avaient orné leur esprit,
Savaient par cœur Denys d'Halicarnasse [3],
Et tout ce qu'Hérodote [4] et Tite-Live ont dit [5].
Un soir, en disputant (des docteurs c'est l'usage [6]),
Ils comparaient entre eux les peuples anciens.
Ma foi, disait le chat, c'est aux Egyptiens
Que je donne le prix : c'était un peuple sage,
Un peuple ami des lois, instruit, discret, pieux,

Rempli de respect pour ses dieux [7];
Cela seul, à mon gré, lui donne l'avantage. —
J'aime mieux les Athéniens,
Répondit le hibou : que d'esprit! que de grâce!

Et dans les combats quelle audace!
Que d'aimables héros parmi leurs citoyens!
A-t-on jamais plus fait avec moins de moyens [8]?
Des nations c'est la première. —

1. Voyez la fable précédente.
2. A force d'être dans la classe, les enfants, même les plus sots,
comme l'oison, finissent par apprendre quelque chose.
3. DENYS d'*Halicarnasse* est un historien grec, qui vécut à Rome
sous Auguste, et qui a fait une histoire de Rome. — HALICARNASSE,
où il était né, est une ville de l'Asie Mineure.
4. HÉRODOTE est un historien grec, né aussi à Halicarnasse, mais
longtemps avant Denys. — On l'a surnommé le *Père de l'Histoire*.
Avant d'écrire son immortel ouvrage, il avait visité la Grèce, la
Macédoine, la Thrace, la Scythie, l'Égypte, et une grande partie de
l'Asie.
5. TITE-LIVE est un historien latin, né à Padoue, et qui se rendit
célèbre sous les empereurs Auguste et Tibère. Son *Histoire romaine*
est un admirable chef-d'œuvre.
6. Voyez la fable VI de ce livre : *Les deux Bacheliers.*
7. Ce tableau des Egyptiens est tracé d'après Hérodote, liv. II.
8. Athènes, qui n'était qu'une ville de la Grèce, a été en effet
pendant les *guerres médiques* une puissance de premier ordre.

Parbleu, dit l'oison en colère,
Messieurs, je vous trouve plaisants!
Et les Romains, que vous en semble?
Est-il un peuple qui rassemble
Plus de grandeur, de gloire et de faits éclatants?
Dans les arts comme dans la guerre
Ils ont surpassé vos amis [1].
Pour moi, ce sont mes favoris:
Tout doit céder le pas aux vainqueurs de la terre. —
Chacun des trois pédants [2] s'obstine en son avis,
Quand un rat, qui de loin entendait la dispute,
Rat savant, qui mangeait des thèmes dans sa hutte [3],
Leur cria : Je vois bien d'où viennent vos débats.
L'Egypte vénérait les chats,
Athènes les hiboux, et Rome, au Capitole,
Aux dépens de l'Etat nourrissait les oisons [4]:
Ainsi notre intérêt est toujours la boussole [5],
Que suivent nos opinions.

La conclusion du Fabuliste est que nos opinions suivent toujours la direction indiquée par notre intérêt, de même que l'aiguille aimantée de la boussole se dirige toujours vers le nord. Cela est assez naturel. Quand un homme nous fait du bien, nous avons bonne opinion de lui, seulement nous ne devons pas affirmer que c'est le meilleur homme de la terre. D'autres peuvent être aussi bons que lui. Florian a déjà

1. Les Romains ont, il est vrai, conquis la Grèce et pris Athènes l'an 87, et l'Egypte l'an 30 avant J.-C.; mais ils n'ont surpassé ni les Grecs ni les Egyptiens dans les arts.
2. Le mot PÉDANT est devenu un terme injurieux qui désigne un faux savant qui parle en maître.
3. Les THÈMES sont les devoirs à traduire du français en latin ou en grec. Les rats sont *rongeurs* de leur naturel.
4. L'Egypte vénérait les chats, au point de mettre à mort quiconque aurait tué involontairement un de ces animaux utiles.
Athènes vénérait le hibou, parce que c'était l'oiseau favor. de Minerve, déesse de la sagesse et protectrice des Athéniens.
Rome nourrissait des oies au Capitole, en souvenir de la nuit où ces oiseaux avaient réveillé la garnison de cette citadelle assiégée et presque prise par les Gaulois.
5. LA BOUSSOLE est un petit cadran, sur lequel tourne une aiguille aimantée, qui se dirige toujours vers le nord.

blâmé ces préférences exclusives, uniquement basées sur l'intérêt, dans la fable 2 du livre I⁺ : *Le Bœuf, le Cheval et l'Ane.*

FABLE XIV.

LE PARRICIDE.

Un fils avait tué son père.
Ce crime affreux n'arrive guère
Chez les tigres, les ours; mais l'homme le commet.
Ce parricide eut l'art de cacher son forfait[1],
Nul ne le soupçonna : farouche et solitaire,
Il fuyait les humains et vivait dans les bois,
Espérant échapper aux remords comme aux lois.
Certain jour on le vit, détruire à coups de pierre,
      Un malheureux nid de moineaux.
      Eh! que vous ont fait ces oiseaux?
Lui demande un passant : pourquoi tant de colère? —
      Ce qu'ils m'ont fait? répond le criminel :
Ces oisillons menteurs, que confonde le ciel!
Me reprochent d'avoir assassiné mon père. —
Le passant le regarde : il[2] se trouble, il pâlit;
      Sur son front son crime se lit :
Conduit devant le juge, il l'avoue et l'expie[3].
      O des vertus dernière amie[4],
Toi qu'on voudrait en vain éviter ou tromper,
Conscience terrible! on ne peut t'échapper.

Florian observe avec raison que ce crime affreux n'arrive

1. « Ce malheureux sut cacher pendant quelque-temps son horrible crime. »
2. « *Le parricide* se trouble. »
3. « Il est condamné à mourir lui-même après avoir eu le poing droit coupé. » Tel était le châtiment des parricides. Aujourd'hui on les conduit à l'échafaud nu-pieds, et la tête couverte d'un voile noir.
4. La conscience est la dernière amie des vertus, puisqu'elle n'abandonne jamais l'homme vertueux, et que, dans le malheur même, elle est sa dernière et sa plus douce consolation.

guère chez les animaux les plus féroces. L'homme, égaré par de coupables passions, le commet quelquefois. La pensée seule de ce forfait jette l'épouvante dans notre âme. C'est à peine si l'on peut croire à sa possibilité. Il semble que celui qui a été assez malheureux pour le commettre devrait mourir de douleur, avant même que le juge ne le punisse du dernier châtiment. Voyez l'homme dont parle cette fable. Il a cru cacher son crime aux yeux du monde ; mais il n'a pu le cacher à ses propres yeux ; il *sait* qu'il est coupable. Il y a une voix dans son âme, qui lui crie à chaque instant : *Parricide ! parricide !* C'est le cri de sa conscience ; c'est la dent du remords qui le ronge au fond du cœur. Il perd la raison, en perdant la paix de l'âme. Il voit partout des accusateurs ; dans le cri même des petits oiseaux, il croit entendre ce mot : *Parricide ! parricide !* A la première interrogation d'un passant, au simple regard d'un inconnu, il se trouble, il pâlit, il s'accuse lui-même.

Plus tard, quand vous aurez grandi, mes chers enfants, on vous expliquera mieux ce que c'est que la conscience ; Dieu l'a donnée à l'homme pour lui faire connaître ce qu'il doit éviter et ce qu'il doit rechercher. Même dans les âmes les plus corrompues, elle ne se tait jamais ; elle s'appelle alors *remords*. Dans les âmes vertueuses, elle tient lieu des louanges de l'univers. Témoin cette belle et touchante parole de Louis XVI : « C'est une bonne ressource que le sentiment d'une bonne conscience. »

FABLE XV.

LE PERROQUET CONFIANT.

CELA *ne sera rien*, disent certaines gens
    Lorsque la tempête est prochaine ;
Pourquoi nous affliger avant que le mal vienne ?
Pourquoi ? Pour l'éviter, s'il en est encor temps.
    Un capitaine de navire,
    Fort brave homme, mais peu prudent,
    Se mit en mer malgré le vent [1].

1. « Quoique le vent ne fût pas favorable. »

Le pilote [1] avait beau lui dire
Qu'il risquait sa vie et son bien,
Notre homme ne faisait qu'en rire,
Et répétait toujours : *Cela ne sera rien.*
 Un perroquet de l'équipage [2],
 A force d'entendre ces mots,
Les retint, et les dit pendant tout le voyage.
Le navire égaré voguait au gré des flots,
 Quand un calme plat vous [3] l'arrête.
 Les vivres tiraient à leur fin;
Point de terre voisine, et bientôt plus de pain.
Chacun des passagers s'attriste, s'inquiète ;
 Notre capitaine se tait.
Cela ne sera rien, criait le perroquet.
Le calme continue; on vit vaille que vaille [4].
 Il ne reste plus de volaille :
On mange les oiseaux, triste et dernier moyen !
Perruches, cardinaux, cacatois, tout y passe [5] :
 Le Perroquet, la tête basse,
Disait plus doucement : *Cela ne sera rien.*
Il pouvait encor fuir, sa cage était trouée;
Il attendit. Il fut étranglé bel et bien [6],
Et, mourant, il criait d'une voix enrouée [7] :
 Cela... cela ne sera rien.

1. Le PILOTE est un marin qui dirige le vaisseau. C'est ordinairement un homme sage et expérimenté, et le capitaine a grand tort de rire de ses avis.
2. On appelle *équipage* les matelots et les soldats d'un vaisseau.
3. Le pronom *vous* est ici inutile. On pourrait le retrancher.
4. « On se nourrit avec n'importe quoi. »
5. Les PERRUCHES et les CAKATOES (et non pas *catatois*) sont des espèces de perroquets. Les perruches ont la queue généralement très-longue et étagée ; les cakatoes ont la queue courte et égale, et la tête ornée d'une huppe. — On donne le nom de CARDINAUX à des oiseaux de divers genres, dont le plumage est rouge.
6. Expression familière. « Il fut étranglé net. »
7. Il pouvait à peine parler, parce qu'on lui serrait impitoyablement la gorge.

Ce Perroquet est victime de sa trop grande confiance. Que
de fois le Fabuliste nous l'a prouvé ; l'excès en tout est un
défaut ! Il ne faut pas s'affliger avant que le mal vienne ; mais
il faut tâcher de l'éviter, tandis qu'il en est temps encore.
Malheur à ceux qui attendent trop tard, et qui ont toujours
ces mots à la bouche : *Cela ne sera rien !* Ils finissent par être
victimes de leur insouciance, comme ce malheureux Perroquet.

FABLE XVI.

LE LION ET LE LÉOPARD.

Un valeureux lion, roi d'une immense plaine,
Désirait de la terre une plus grande part,
Et voulait conquérir une forêt prochaine [1],
    Héritage d'un léopard.
L'attaquer n'était pas chose bien difficile ;
Mais le lion craignait les panthères, les ours [2]
Qui se trouvaient placés juste entre les deux cours [3].
Voici comment s'y prit notre monarque habile :
Au jeune léopard, sous prétexte d'honneur,
    Il députe un ambassadeur :
C'était un vieux renard [4]. Admis à l'audience,
Du jeune roi d'abord il vante la prudence,
Son amour pour la paix, sa bonté, sa douceur,
    Sa justice et sa bienfaisance [5] ;
Puis, au nom du lion, propose une alliance

1. « Une forêt voisine. »
2. Les panthères et les ours sont moins redoutables que le lion,
mais celui-ci n'aurait pas osé les attaquer tous ensemble.
La panthère ressemble beaucoup au léopard ; mais sa peau est
moins mouchetée. (Voyez les notes de la fable 1 de ce livre.)
3. Les Etats des ours et des panthères se trouvaient entre ceux du
lion et ceux du léopard.
4. Le *renard*, vous le savez, est l'emblème de la malice et de la
fourberie.
5. Quelles flatteries ! Le jeune *léopard* s'y laisse prendre ; mais
attendons la fin

Pour exterminer tout voisin
　Qui méconnaîtra leur puissance.
Le léopard accepte ; et, dès le lendemain,
　Nos deux héros, sur leurs frontières,
Mangent à qui mieux mieux les ours et les panthères.
Cela fut bientôt fait. Mais quand les rois amis,
　Partageant le pays conquis,
　Fixèrent leurs bornes nouvelles,
　Il s'éleva quelques querelles :
Le léopard lésé se plaignit du lion [1] ;
　Celui-ci montra sa denture
　Pour prouver qu'il avait raison [2] :
Bref, on en vint aux coups. La fin de l'aventure
　Fut le trépas du léopard :
　Il apprit alors, un peu tard [3],
Que, contre les lions, les meilleures barrières
Sont les petits États des ours et des panthères.

Cette fable s'adresse aux rois, aux chefs d'Etats ; mais elle renferme aussi une leçon pour tous les hommes, et surtout pour les jeunes gens. Le Léopard est jeune et sans expérience. Il se laisse prendre aux flatteries du *vieux* renard. Il aide le Lion dans une guerre injuste contre leurs voisins, dans l'espoir d'agrandir ses Etats, et il finit par les perdre. Défions-nous des flatteurs, qui vantent notre bonté, notre douceur, notre justice, et qui, sous prétexte de nous faire obtenir quelque avantage, nous poussent à des actions injustes et funestes. Que l'exemple du Léopard nous apprenne à ne jamais nous unir avec les plus forts contre les plus faibles ; car si nous l'imitions dans sa conduite, nous subirions comme lui le châtiment de notre injuste ambition et de notre folle imprudence.

1. Le lion sans doute avait pris *sa part. Or* vous savez ce qu'on entend par *la part du lion :* c'est tout ce qu'il plaît au plus fort de prendre. — Le léopard, qui était le plus faible, se trouva *lésé,* c'est-à-dire mécontent du peu que le lion lui laissait.
2. La raison du plus fort.
3. Comme le perroquet de la fable précédente.

LIVRE QUATRIÈME

FABLE I.

LE SAVANT ET LE FERMIER.

Que j'aime les héros dont je conte l'histoire [1] !
Et qu'à m'occuper d'eux je trouve de douceur [2] !
J'ignore s'ils pourront m'acquérir de la gloire [3],
    Mais je sais qu'ils font mon bonheur [4].
Avec les animaux je veux passer ma vie ;
    Ils sont si bonne compagnie !
Je conviens cependant, et c'est avec douleur,
    Que tous n'ont pas le même cœur.
Plusieurs que l'on connaît, sans qu'ici je les nomme,
    De nos vices ont bonne part [5] :
Mais je les trouve encor moins dangereux que
                      [l'homme,
Et, fripon pour fripon, je préfère un renard [6].
    C'est ainsi que pensait un sage,
    Un bon fermier de mon pays.
Depuis quatre-vingts ans, de tout le voisinage

1. « Combien j'aime ceux dont je parle ! » On appelle HÉROS les principaux personnages dont on raconte l'histoire. Les héros dont les fabulistes parlent le plus souvent sont les animaux.

2. « Et combien je trouve de douceur à m'occuper d'eux ! » *Interson.*

3. Florian, qui a fait des ouvrages de tout genre, doit toute sa *gloire* littéraire à son petit volume de fables.

4. Le travail, nous l'avons déjà dit, porte avec lui sa récompense. C'est Florian qui prononce les quatre premiers vers de cette fable. Les vers qui suivent jusqu'au 13e, expriment la pensée du Fermier.

5. Les renards, les loups, les chats, etc., ont en effet une *bonne part* des vices de l'homme.

6. L'homme vicieux est plus *dangereux* parce qu'il fait le mal avec intention de nuire, tandis que les animaux malfaisants ne le font que par instinct. Il est facile d'éviter leurs attaques puisque leur caractère est connu.

On venait écouter et suivre ses avis.

Chaque mot qu'il disait était une sentence.

Son exemple surtout aidait son éloquence [1] ;

Et, lorsque environné de ses quarante enfants,

Fils, petits-fils, brus [2], gendres, filles,

Il jugeait les procès ou réglait les familles [3],

Je me souviens qu'un jour dans son champêtre asile [4]

Nul n'eût osé mentir devant ses cheveux blancs.

Il vint un savant de la ville

Qui dit au bon vieillard : Mon père, enseignez-moi

Dans quel auteur, dans quel ouvrage,

Vous apprîtes l'art d'être sage.

Chez quelle nation, à la cour de quel roi,

Avez-vous été, comme Ulysse [5],

Prendre des leçons de justice ?

Suivez-vous de Zénon la rigoureuse loi [6] ?

Avez-vous embrassé la secte d'Épicure [7],

Celle de Pythagore, ou du divin Platon [8] ? —

1. On écoutait ses paroles parce qu'il était lui-même un modèle de vertu.

2. Un père appelle BRUS les femmes de ses fils, et GENDRES les maris de ses filles.

3. « Ou faisait bien marcher les familles. » On dit dans le même sens : régler une montre, la mettre en état de bien marcher.

4. « Dans sa ferme. » Périphrase.

5. ULYSSE, roi d'Ithaque, petite île de la Grèce, vint au siège de Troie, en Asie. Après la prise de cette ville, il erra pendant dix ans de pays en pays, étudiant les mœurs des peuples et s'instruisant à la cour des rois.

6. ZÉNON, philosophe grec, chef d'une école dite stoïcienne, ou du portique (en grec στοά). La LOI que Zénon imposait à ses disciples était de vivre selon la nature (voyez l'avant-dernier vers de la fable), c'est-à-dire selon la raison. Zénon n'approuvait pas la morale d'Épicure.

7. ÉPICURE, philosophe grec, qui a été calomnié parce que les hommes qui embrassèrent sa secte, c'est-à-dire ceux qui se déclarèrent ses disciples, dénaturèrent tellement sa doctrine qu'on les appela pourceaux. Comme ces animaux immondes, ils plaçaient le bonheur dans les plaisirs du corps.

8. PYTHAGORE, philosophe grec, chef de l'école italique, vécut en Italie et en Sicile, et essaya de rendre les hommes meilleurs par la science. C'est lui qui le premier prit le nom modeste de philoso-

De tous ces messieurs-là je ne sais pas le nom,
Répondit le vieillard : mon livre est la nature ;
    Et mon unique précepteur,
       · C'est mon cœur.
Je vois les animaux, j'y trouve le modèle
    Des vertus que je dois chérir :
La colombe m'apprit à devenir fidèle [1] ;
En voyant la fourmi, j'amassai pour jouir [2] ;
    Mes bœufs m'enseignent la constance,
Mes brebis la douceur, mes chiens la vigilance [3] ;
    Et, si j'avais besoin d'avis
    Pour aimer mes filles, mes fils,
La poule et ses poussins me serviraient d'exemple [4].
Ainsi dans l'univers tout ce que je contemple
M'avertit d'un devoir qu'il m'est doux de remplir.
Je fais souvent du bien pour avoir du plaisir.
J'aime et je suis aimé, mon âme est tendre et pure ;
    Et, toujours selon ma mesure,

phe (ami de la sagesse), au lieu du nom de *sage* qu'il trouvait prétentieux. La croyance à la migration des âmes remonte jusqu'à lui.
Il l'avait recueillie dans ses voyages. Voyez la note 7 de la page 31
(Fable XIV, liv. Ier, *l'Éléphant blanc*). — PLATON, philosophe
grec.

1. La colombe est le symbole de l'affection fidèle ; relisez les paroles de la tourterelle, dans la fable du *Phénix*, page 67. La tourterelle est de la famille des pigeons ou colombes ; elle en a les
vertus.

2. Qui ne se souvient de la fourmi de La Fontaine ? Elle ne donne
pas une leçon de charité, il est vrai, mais une leçon d'économie ;
elle travaille l'été afin de vivre l'hiver. — Peut-être avez-vous aussi
u la fable de *la Colombe et la Fourmi*, du même auteur ? (Livre II,
p. 38, édit. Belin). La Colombe sauve la vie à la Fourmi ; mais celle-
ci sait se montrer reconnaissante.

3. Voyez la fable 3 du livre II : *La Brebis et le Chien*; la fable
du *Roi et des deux Bergers*, livre I, fable 3.

4. La poule n'est-elle pas le symbole de la tendresse maternelle ?
Vous l'avez vue, mes enfants, entourée de ses poussins : elle les rappelle quand ils s'égarent, les met sous ses ailes à l'abri du froid et
du danger, et se prive même de nourriture pour leur en laisser davantage. Aussi N.-S. Jésus-Christ compare d'une manière touchante,
dans l'Évangile, la tendresse qu'il ressent pour les hommes à la
tendresse d'une poule pour ses petits.

Ma raison sait régler mes vœux[1] :
J'observe et je suis la Nature,
C'est mon secret pour être heureux.

Que cette fable est un charmant début pour le livre IV ! O
vous pour qui j'écris ces lignes, chers enfants, relisez les
beaux vers que Florian met dans la bouche du bon vieillard ;
apprenez-les par cœur ! Représentez-vous dans votre jeune
imagination, le *champêtre asile* où le Fermier vit entouré de
sa nombreuse famille ; voyez son air grave et calme, son front
pur, ses cheveux blancs. Si son corps est empreint d'une
beauté touchante, son âme est plus belle encore. Dieu a ou-
vert pour lui le *livre de la nature :*

> Et son unique précepteur,
> C'est son cœur.

Dieu lui a donné un cœur bon, disposé à suivre les inspirations du devoir, les leçons de la vertu. Et qui lui donne ces
leçons ? Les animaux qui peuplent sa ferme, les animaux à
qui Dieu, auteur de la Nature, a donné de nobles instincts.
Ils lui donnent l'exemple de la fidélité, de l'économie, de la
patience, de la douceur, de la vigilance, des affections de famille. Ah ! comme lui profitons des leçons que nous donnent
les animaux. Nous n'avons pas comme lui de beaux cheveux
blancs, ni quatre-vingts ans ; mais nous avons un cœur, dont
nous devons suivre les inspirations. Ce cœur, tout jeune qu'il
est, sait déjà par expérience que, *pour avoir du plaisir, il
faut faire du bien :* pour être aimé, il faut aimer ; pour être
heureux, il faut avoir *l'âme tendre et pure, observer et suivre
la nature,* c'est-à-dire, être fidèle comme la Colombe, éco-
nome comme la Fourmi, patient comme le Bœuf, doux comme
la Brebis, vigilant comme le Chien, affectueux comme la
Poule. Mais si de la nature nous remontons à son auteur,
nous trouverons là le modèle de toutes les vertus. On nous
a dit, et nous savons, que nous avons un père dans les Cieux ;
que ce père est le Dieu de l'univers, le créateur de tout ce
qui existe, hommes, animaux et plantes ; et que, selon la parole de ce fils bien-aimé qu'il a envoyé vers nous, pour nous
donner *des leçons de justice et de sagesse,* nous devons ob-
server et suivre ses commandements, afin de devenir bons

---

1. « Et, toujours je règle mes désirs, mes vœux selon les occasions et conformément à la raison. »

et heureux. « Soyons parfaits, comme notre Père céleste est parfait. »

FABLE II.

L'ÉCUREUIL, LE CHIEN, ET LE RENARD.

Un gentil écureuil[1] était le camarade,
    Le tendre ami d'un beau danois[2].
Un jour qu'ils voyageaient comme Oreste et Pylade[3],
    La nuit les surprit dans un bois.
En ce lieu point d'auberge ; ils eurent de la peine
    A trouver où se bien coucher.
Enfin le chien se mit dans le creux d'un vieux chêne,
Et l'écureuil plus haut grimpa pour se nicher.
    Vers minuit (c'est l'heure des crimes)[4],
    Longtemps après que nos amis,
En se disant bonsoir, se furent endormis,
Voici qu'un vieux renard, affamé de victimes[5],
Arrive au pied de l'arbre ; et, levant le museau,
    Voit l'écureuil sur un rameau.
Il le mange des yeux, humecte de sa langue
Ses lèvres, qui de sang brûlent de s'abreuver[6].
Mais jusqu'à l'écureuil il ne peut arriver :

1. L'ÉCUREUIL est aussi remarquable par l'innocence de ses mœurs que par la gentillesse de ses formes. Vous le connaissez.
2. « D'un beau chien. » On appelle DANOIS, une espèce de chiens dont le pelage est ras et ordinairement moucheté de noir sur un fond blanc.
3. « Comme deux amis inséparables. » ORESTE et PYLADE, célèbres par leur amitié, ont été chantés par tous les poëtes anciens et modernes. *Oreste*, fils d'Agamemnon. avait été élevé chez le père de *Pylade*. Dans le cours d'une vie fort agitée, ils ne se séparèrent jamais l'un de l'autre.
4. « C'est l'heure que les méchants choisissent pour accomplir leurs mauvais desseins. » Ils craignent le grand jour.
5. « Que la faim poussait à trouver des victimes. »
6. Expression d'une poétique énergie; *Manger des yeux, lèvres brûlantes qui ont soif de sang.*

Il faut donc, par une harangue,
L'engager à descendre ; et voici son discours [1] :
    Ami, pardonnez, je vous prie,
Si de votre sommeil j'ose troubler le cours [2] ;
Mais le pieux transport dont mon âme est remplie
Ne peut se contenir. Je suis votre cousin
            Germain :
Votre mère était sœur de feu mon digne père [3].
Cet honnête homme, hélas! à son heure dernière,
M'a tant recommandé de chercher son neveu,
Pour lui donner moitié du peu
Qu'il m'a laissé de bien ! Venez donc, mon cher frère,
    Venez, par un embrassement,
Combler le doux plaisir que mon âme ressent.
Si je pouvais monter jusqu'aux lieux où vous êtes,
Oh! j'y serais déjà, soyez-en bien certain.
    Les écureuils ne sont pas bêtes [4],
    Et le mien était fort malin.
    Il reconnaît le patelin [5],
Et répond d'un ton doux : Je meurs d'impatience
    De vous embrasser, mon cousin ;
Je descends : mais, pour mieux lier la connaissance,
Je veux vous présenter mon plus fidèle ami,
Un parent qui prit soin de nourrir mon enfance.
Il dort dans ce trou-là : frappez un peu; je pense

---

1. HARANGUE et DISCOURS sont des mots presque *synonymes*, c'est-à-dire des mots qui ont une signification presque semblable. Cependant on se sert spécialement du premier pour désigner un discours adressé à une personne de distinction.

2. « Si j'ose vous réveiller. » *Périphrase et inversion.*

3. La mère de l'écureuil ne peut pas être la sœur d'un renard. Le discours du vieux renard est un tissu de mensonges.

4. Florian explique lui-même au vers suivant cette *manière de parler* qu'on appelle *litote*, et qui consiste à dire moins pour faire entendre plus. C'est le contraire de l'*hyperbole*.

5. Le qualificatif PATELIN indique un trompeur qui, par la ruse et par la flatterie, cherche à persuader aux autres de faire ce qu'il désire.

Que vous serez charmé de le connaître aussi[1].
    Aussitôt maître renard frappe,
Croyant en manger deux : mais le fidèle chien
    S'élance de l'arbre, le happe,
    Et vous[2] l'étrangle bel et bien
Ceci[3] prouve deux points : d'abord qu'il est utile
Dans la douce amitié de placer son bonheur ;
Puis, qu'avec de l'esprit il est souvent facile
Au piége qu'il nous tend de surprendre un trompeur.

Le fabuliste nous dispense de tirer les deux conséquences qui ressortent de sa fable ; il les exprime en termes très-clairs. Cultivons donc notre cœur et notre esprit. C'est par le cœur que nous méritons le bonheur de l'amitié ; c'est par l'esprit que nous échapperons aux embûches des méchants. Si le Corbeau, dont parle La Fontaine, avait eu l'esprit de notre Ecureuil, son fromage ne serait pas devenu la proie de maître Renard. Les fabulistes anglais et allemands ont imité cette fable ; plusieurs se sont contentés de la traduire : cela prouve qu'elle est charmante.

FABLE III.

LE PERROQUET.

Un gros perroquet gris, échappé de sa cage[4],
    Vint s'établir dans un bocage ;
Et là, prenant le ton de nos faux connaisseurs,
Jugeant tout, blâmant tout d'un air de suffisance,
Au chant du rossignol il trouvait des longueurs,

1. La réponse de l'écureuil est ironique.
2. Nous avons vu plusieurs fois des exemples de pronoms surabondants.
3. CELA vaudrait mieux ; car ce pronom représente ce qui précède. On emploie CECI pour indiquer quelque chose qui va suivre.
4. Le perroquet étant originaire des pays chauds ne peut vivre qu'en cage. Les notes des livres précédents ont dit suffisamment ce qu'étaient le rossignol, le linot, la fauvette.

Critiquait surtout sa cadence[1],
Le linot, selon lui, ne savait pas chanter;
La fauvette aurait fait quelque chose peut-être,
    Si de bonne heure il eût été son maître,
    Et qu'elle eût voulu profiter.
Enfin, aucun oiseau n'avait l'art de lui plaire :
Et, dès qu'ils commençaient leurs joyeuses chansons,
Par des coups de sifflet répondant à leurs sons,
    Le perroquet les faisait taire.
Lassés de tant d'affronts, tous les oiseaux du bois
Viennent lui dire un jour: Mais parlez donc, beau sire[2],
Vous qui sifflez toujours, faites qu'on vous admire ;
Sans doute vous avez une brillante voix,
    Daignez chanter pour nous instruire.
    Le perroquet, dans l'embarras,
Se gratte un peu la tête[3], et finit par leur dire :
Messieurs, je siffle bien, mais je ne chante pas.

Il n'est pas rare de rencontrer des enfants moqueurs, comme le gros Perroquet gris. Ils prennent, comme lui, un air de suffisance ; ils jugent tout ; ils blâment tout; ils trouvent que les leçons du professeur sont trop longues ; *ils critiquent* sa manière de faire la classe. Tel de leurs camarades ne sait pas l'orthographe; tel autre n'a pas de style; celui-là n'a pas de mémoire; celui-là réussirait *peut-être*, s'il voulait suivre les avis de monsieur le moqueur. Qu'arrive-t-il enfin ? Si ceux qu'il critique, lassés de ses moqueries, lui demandent de *chanter* à son tour, de montrer son orthographe, son style, de réciter une fable, par exemple, le voilà *dans l'embarras*, et obligé d'avouer qu'il ne sait que *siffler*. Cet aveu est pénible sans doute, mais c'est le châtiment des esprits ignorants et prétentieux.

1. Il fallait que ce perroquet fût bien *mauvais connaisseur* pour trouver à redire au chant du rossignol et surtout à *sa cadence :* on appelle ainsi un *trille* ou battement du gosier que le rossignol exécute à ravir.
2. Ce terme est ironique.
3. C'est le geste des personnes embarrassées de répondre. Le perroquet le fait souvent, mais c'est peu gracieux, et on se moque avec raison des enfants qui ont ce *tic.*

FABLE IV.

LA VIPÈRE ET LA SANGSUE.

LA vipère disait un jour à la sangsue[1] :
    Que notre sort est différent !
On vous cherche, on me fuit ; si l'on peut, on me tue ;
    Et vous, aussitôt qu'on vous prend,
    Loin de craindre votre blessure,
    L'homme vous donne de son sang
    Une ample et bonne nourriture :
Cependant vous et moi faisons même piqûre[2].
    La citoyenne de l'étang
    Répond : Oh que nenni, ma chère ;
La vôtre fait du mal, la mienne est salutaire.
Par moi plus d'un malade obtient sa guérison.
Par vous tout homme sain trouve une mort cruelle.
Entre nous deux, je crois, la différence est belle :
    Je suis remède, et vous poison[4].
    Cette fable aisément s'explique :
    C'est la satire et la critique.

La vipère, selon Florian est l'emblème de la satire. Ce mot a différentes significations : il désigne quelquefois un poëme, où les vices et les défauts des hommes sont flétris et tournés

1. Les VIPÈRES sont de la famille des serpents venimeux. Ces reptiles ont de chaque côté de la mâchoire des crochets aigus et percés par où le venin s'introduit dans la blessure. Ce venin est mortel. — Les SANGSUES, comme leur nom l'indique, *sucent le sang* pour se nourrir ; on utilise, en médecine, l'industrie de ces petits animaux, en les plaçant aux endroits du corps d'où on veut extraire du sang.
2. Ce n'est pas tout à fait exact ; car la piqûre de la vipère se fait au moyen d'un crochet aigu ; celle de la sangsue au moyen de sa bouche qui est une sorte de ventouse.
3. Les sangsues vivent dans les rivières, les étangs, etc., où elles nagent en oscillant comme de petits serpents.
4. Ce vers et ceux qui précèdent sont formés d'*antithèses*, c'est-à-dire de mots et de fragments de phrases opposés l'un à l'autre.

en ridicule, mais il indique aussi l'habitude de médire, de
blesser par une parole mordante, acérée. La médisance est
le venin qui s'introduit par cette blessure, et qui est souvent
mortel, puisqu'il *tue* la réputation de ceux qu'on attaque.
Voilà pourquoi on fuit les médisants comme on fuit la vipère.

La saine critique, au contraire, est l'art de distinguer le
bon du mauvais ; elle retranche celui-ci, elle respecte celui-
là. De même, la sangsue retire le mauvais sang des veines
du malade. Voilà pourquoi on recherche les sangsues, comme
on recherche un ami, qui nous corrige de nos défauts, en les
retirant de notre âme.

FABLE V.

LE PACHA ET LE DERVIS[1].

Un Arabe[2], à Marseille[3], autrefois, m'a conté
   Qu'un pacha turc dans sa patrie
Vint porter certain jour un coffret cacheté
Au plus sage dervis qui fût en Arabie.
Ce coffret, lui dit-il, renferme des rubis[4],
   Des diamants d'un très-grand prix :
   C'est un présent que je veux faire
   A l'homme que tu jugeras
   Être le plus fou de la terre.
   Cherche bien, tu le trouveras.
Muni de ce coffret, notre bon solitaire
S'en va courir le monde. Avait-il donc besoin
   D'aller loin ?

1. Le titre de PACHA se donne en Turquie aux personnages importants. — DERVIS ou DERVICHE est le nom des religieux, des moi-
nes turcs.

2. Les ARABES sont grands conteurs ; témoin *les Mille et une
Nuits*, poëme aussi intéressant que long.

3. Marseille, fondée par une colonie grecque, est un des plus
grands ports de la Méditerranée. On y rencontre 'es commerçants
de tous les pays et surtout de l'orient.

4. On appelle RUBIS diverses pierres précieuses de couleur rouge.

L'embarras de choisir était sa grande affaire :
Des fous toujours plus fous venaient de toutes parts
  Se présenter à ses regards.
  Notre pauvre dépositaire
Pour l'offrir à chacun saisissait le coffret ;
  Mais un pressentiment secret
  Lui conseillait de n'en rien faire,
  L'assurant qu'il trouverait mieux.
  Errant ainsi de lieux en lieux,
  Embarrassé de son message,
  Enfin, après un long voyage,
Notre'homme et le coffret arrivent un matin
  Dans la ville de Constantin ¹.
  Il trouve tout le peuple en joie :
Que s'est-il donc passé ? — Rien, lui dit un iman ² :
C'est notre grand vizir que le sultan envoie,
  Au moyen d'un lacet de soie,
  Porter au prophète un firman ³.
Le peuple rit toujours de ces sortes d'affaires ;
  Et, comme ce sont des misères,
Notre empereur souvent lui donne ce plaisir.— (vizir
Souvent? — Oui. — C'est fort bien ⁴. Votre nouveau
Est-il nommé ? — Sans doute, et le voilà qui passe.
Le dervis, à ces mots, court, traverse la place,
Arrive, et reconnaît le pacha son ami.
  Bon ! te voilà ! dit celui-ci :

1. « Constantinople. » Cette ville porte le nom du grand empereur Constantin, qui, en 330, en fit la capitale de l'empire romain. Elle s'appelait auparavant *Bysance*.
2. INAN, prêtre de la religion musulmane.
3. « C'est notre grand vizir que le sultan envoie à la mort. » Cette *périphrase* est longue et demande explication. Lorsque l'empereur de Turquie n'est pas content de ses ministres, il leur envoie l'ordre de se pendre. Les ordres du sultan s'appellent *Firmans ;* le ministre se donne la mort *au moyen d'un lacet de soie*, et va rejoindre le *prophète*, c'est-à-dire *Mahomet*.
4. Ces mots sont ironiques, car c'est un mauvais gouvernement que celui qui change *si souvent* de premiers ministres.

Et le coffret? — Seigneur, j'ai parcouru l'Asie :
J'ai vu des fous parfaits, mais sans oser choisir,
    Aujourd'hui ma course est finie;
    Daignez l'accepter, grand vizir [1].

L'homme insensé désire les honneurs, la puissance. La mort violente des grands-vizirs qui ont précédé notre pacha ne l'empêche pas d'accepter leur place : il s'expose donc volontairement à mourir comme eux, le jour où le sultan aura le caprice de lui envoyer *un filet de soie*. Voilà pourquoi le Dervis, son ami, lui fait entendre qu'il est fou, *le plus fou de la terre*.

FABLE VI.

LE LABOUREUR DE CASTILLE.

Le plus aimé des rois est toujours le plus fort [2] :
    En vain la Fortune l'accable;
En vain mille ennemis, ligués avec le sort,
Semblent lui présager sa perte inévitable :
L'amour de ses sujets, colonne inébranlable [3],
    Rend inutile leur effort.
Le petit-fils d'un roi [4], grand par son malheur même,
Philippe [5], sans argent, sans troupes, sans crédit,
    Chassé par l'Anglais de Madrid,

1. « Car vous êtes le plus fou des hommes. »
2. Relisez les paroles du chien dans la fable intitulée : *L'éducation du Lion.*
3. Belle image. La puissance d'un roi ressemble à un monument qui repose sur des colonnes ; l'amour des sujets est la plus solide colonne de ce monument. Rien ne peut l'ébranler.
4. Louis XIV, qui régna de 1643 à 1715 et fut surnommé *Louis le Grand.*
5. Philippe V, appelé par le testament de Charles II, roi d'Espagne, à régner sur ce beau pays, en 1700. Les Anglais formèrent contre lui une ligue dans laquelle entrèrent la plupart des États européens. Après diverses alternatives de revers et de succès, le petit-fils de Louis XIV mourut, en 1746, victorieux de tous ses ennemis.

Croyait perdu son diadème[1].
Il fuyait presque seul, déplorant son malheur:
Tout à coup à ses yeux s'offre un vieux laboureur,
Homme franc, simple et droit, aimant plus que sa
Ses enfants et son roi, sa femme et sa patrie;   [vie.
Parlant peu de vertu, la pratiquant beaucoup;
Riche, et pourtant aimé, cité dans les Castilles[2]
        Comme l'exemple des familles.
        Son habit, filé par ses filles,
        Etait ceint d'une peau de loup[3].
Sous un large chapeau, sa tête bien à l'aise
Faisait voir des yeux vifs et des traits basanés,
        Et ses moustaches, de son nez
        Descendaient jusque sur sa fraise[4].
Douze fils le suivaient, tous grands, beaux, vigou-
Un mulet chargé d'or était au milieu d'eux.   [reux:
        Cet homme, dans cet équipage,
Devant le roi s'arrête, et lui dit: Où vas-tu?
        Un revers t'a-t-il abattu?
Vainement l'Archiduc a sur toi l'avantage[5];
C'est toi qui régneras, car c'est toi qu'on chérit.
        Qu'importe qu'on t'ait pris Madrid?
Notre amour t'est resté, nos corps sont tes murailles,
Nous périrons pour toi dans les champs de l'hon-
        Le hasard gagne les batailles;   [neur[6].
Mais il faut des vertus pour gagner notre cœur.
Tu l'as, tu régneras. Notre argent, notre vie,
Tout est à toi, prends tout. Grâces à quarante ans

1. « Croyait sa royauté tombée. » Le diadème est l'emblème du
pouvoir royal.
2. La *Vieille Castille*, capitale Burgos, et la *Nouvelle Castille*,
capitale Madrid, sont deux provinces de l'Espagne.
3. Le portrait de ce *laboureur* rappelle celui du *Paysan du Da-
nube* dont parle La Fontaine (*Voy.* édit. Aubertin.)
4. La FRAISE est une sorte de col en étoffe blanche et plissée.
5. L'archiduc Charles, fils de Léopold Ier, empereur d'Allemagne.
6. « Sur les champs de bataille. »

De travail et d'économie,
Je peux t'offrir cet or. Voici mes douze enfants,
Voilà douze soldats ; malgré mes cheveux blancs,
Je ferai le treizième ; et, la guerre finie,
Lorsque tes généraux, tes officiers, tes grands[1],
Viendront te demander, pour prix de leur service,
    Des biens, des honneurs, des rubans,
Nous ne demanderons que repos et justice ;   [gens,
C'est tout ce qu'il nous faut. Nous autres pauvres
Nous fournissons au roi du sang et des richesses[2];
    Mais, loin de briguer ses largesses,
    Moins il donne, et plus nous l'aimons[3].
Quand tu seras heureux, nous fuirons ta présence ;
    Nous te bénirons en silence :
    On t'a vaincu, nous te cherchons.
Il dit, tombe à genoux. D'une main paternelle[4]
Philippe le relève en poussant des sanglots ;
Il presse dans ses bras ce sujet si fidèle,
Veut parler, et les pleurs interrompent ses mots.
    Bientôt, selon la prophétie
Du bon vieillard, Philippe fut vainqueur,
    Et sur le trône d'Ibérie[5]
    N'oublia point le laboureur.

Cette fable ne s'adresse pas seulement aux rois; chacun de
vous peut en tirer cette conclusion, que, dans le malheur,
l'affection d'un ami est notre plus ferme soutien, et que notre
ambition doit tendre à nous faire aimer. En vain nos ennemis
ligués nous attaqueront, l'amour de ceux à qui nous avons fait
du bien rendra leurs efforts inutiles.

1. On appelle GRANDS, en Espagne, ceux d'entre les seigneurs
qui ont le droit de se couvrir en présence du roi.
2. « Nous lui offrons, quand il en a besoin, nos personnes et nos
biens. »
3. Cette antithèse est fausse. Mieux vaudrait que le vieillard eût
dit : *Moins il est heureux et plus nous l'aimons.*
4. Un bon roi est *le père* de ses sujets.
5. Ancien nom de l'Espagne, arrosée par le fleuve Ibère, aujour-
d'hui Èbre.

FABLE VII.

LA FAUVETTE ET LE ROSSIGNOL.

Une fauvette, dont la voix
Enchantait les échos par sa douceur extrême[1],
Espéra surpasser le rossignol lui-même,
Et lui fit un défi[2]. L'on choisit dans le bois
Un lieu propre au combat[3] : les juges se placèrent :
    C'étaient le linot, le serin,
    Le rouge-gorge et le tarin[4].
Tous les autres oiseaux derrière eux se perchèrent.
Deux vieux chardonnerets et deux jeunes pinsons
Furent gardes du camp[5]; le merle était trom-
Il donne le signal. Aussitôt la fauvette   [pette[6];
    Fait entendre les plus doux sons ;
    Avec adresse elle varie
De ses accents filés la touchante harmonie[7]?
Et ravit tous les cœurs par ses tendres chansons.
L'assemblée applaudit. Bientôt on fait silence ;
    Alors le rossignol commence :
    Trois accords purs, égaux, brillants,
Que termine une juste et parfaite cadence,

1. « Retentissait avec une douceur extrême. » L'ÉCHO reproduit
et répète les sons qui le frappent.
2. Cet *hémistiche* (ainsi s'appelle la moitié d'un vers) est peu harmonieux. On dit plus souvent : *porter un défi*, c'est-à-dire appeler
quelqu'un à lutter, à combattre.
3. « Au combat du chant. »
4. Vous connaissez le linot, le serin et le rouge-gorge, ces petits
oiseaux chanteurs. — Le TARIN est une espèce de linot, qui a la
tête noire et le corps olivâtre par-dessus, jaune en dessous ; il est
d'un naturel excessivement doux, mais d'une vivacité surprenante.
5. Dans les tournois, on donnait à quatre chevaliers, dont deux
vieux et deux jeunes, le titre de *gardes du camp.*
6. Celui qui donnait le signal de la lutte s'appelait *héraut.*
7. Le chant de la *fauvette noire* est doux, *filé*, harmonieux. Il se
rapproche beaucoup de celui du rossignol. Aussi les juges sont-ils
un moment incertains.

Sont le prélude de ses chants.

Ensuite son gosier flexible,

Parcourant sans effort tou. les tons de sa voix[1],

Tantôt vif et pressé, tantôt lent et sensible,

Etonne et ravit à la fois.

Les juges cependant demeuraient en balance[2];

Le linot, le serin, de la fauvette amis,

Ne voulaient point donner de prix;

Les autres disputaient. L'assemblée en silence

Ecoutait leurs doctes avis,

Lorsqu'un geai s'écria[3]: Victoire à la fauvette!

Ce mot décida sa défaite.

Pour le rossignol aussitôt

L'aréopage ailé[4] tout d'une voix s'explique[5].

Ainsi le suffrage d'un sot

Fait plus de mal que sa critique.

La morale de cette fable ressemble beaucoup à cette autre de LA FONTAINE, à la fin de sa fable de *l'Ours et l'Amateur des jardins* :

« Rien n'est si dangereux qu'un ignorant ami. »

La Fauvette avait tellement *ravi les cœurs*, que, malgré le talent incomparable du Rossignol, comme chanteur, les juges ne savaient auquel des deux champions décerner le prix. L'exclamation inopportune du Geai en faveur de la Fauvette mécontenta tellement les *vrais connaisseurs* qu'ils firent tous pencher la balance en faveur du Rossignol. Ne recherchons donc jamais *le suffrage d'un sot*; cela nous ferait tort aux yeux des gens de goût.

1. Le chant du rossignol est varié à l'infini; sa voix, d'abord faible et timide, s'anime et se déploie d'une manière inimitable.
2. « Demeuraient penchés également vers la fauvette et vers le rossignol. »
3. Le GEAI est un oiseau pétulant et criard. Son ramage ne se rapporte pas à son plumage, qui est vraiment beau.
4. « Le tribunal des oiseaux. » *Périphrase*. — L'ARÉOPAGE, chez les Grecs, était un tribunal célèbre qui siégeait à Athènes, et dont les décisions avaient la plus grande autorité.
5. « Se prononça à l'unanimité pour le rossignol. »

8

FABLE VIII.

LA GUENON, LE SINGE ET LA NOIX.

UNE jeune guenon [1] cueillit
Une noix dans sa coque verte [2];
Elle y porte la dent, fait la grimace.... Ah! certe,
    Dit-elle, ma mère mentit [3]
Quand elle m'assura que les noix étaient bonnes.
Puis, croyez aux discours de ces vieilles personnes
Qui trompent la jeunesse ! Au diable soit le fruit [4] !
Elle jette la noix. Un singe la ramasse,
    Vite entre deux cailloux la casse,
    L'épluche, la mange, et lui dit [5]:
    Votre mère eut raison, m'amie [6],
Les noix ont fort bon goût, mais il faut les ouvrir.
    Souvenez-vous que, dans la vie,
Sans un peu de travail on n'a point [7] de plaisir.

Le plus petit enfant a plus d'esprit que la Guenon de cette
fable. Sous la triple enveloppe du brou, de la coque sèche,
et de la pellicule, il sait, comme le singe, trouver ce fruit
délicieux, qui de tout temps a fait partie des jeux de l'enfance. Le poëte latin, *Ovide*, parle de *la Noix* avec toute la
chaleur des beaux jours de la jeunesse. Mais nous n'avons
pas à nous occuper ici de ce sujet. Recueillons les deux der-

1. La GUENON est une sorte de singe à longue queue ; mais ordinairement ce nom indique un singe femelle.
2. On appelle proprement coque l'enveloppe sèche du fruit. Les
noix sont recouvertes d'une seconde enveloppe extérieure d'un beau
vert, mais d'une grande amertume et qu'on appelle *brou*.
3. L'expression dont se sert la jeune guenon, en parlant de sa
mère, est de la dernière inconvenance.
4. Belle conclusion et digne de l'exorde !
5. « Et dit à la guenon. » Le pronom LUI est peu correct.
6. Abréviation de *ma amie*, pour *mon amie*. C'est un terme de
familiarité dans lequel perce une nuance de mépris. Le malin singe
trouve la guenon si sotte !
7. POINT est plus fort, plus absolu que PAS.

niers vers de la fable. Quel que soit notre âge nous avons déjà sans doute eu l'occasion de les appliquer :

> Souvenez-vous que dans la vie
> Sans un peu de travail on n'a point de plaisir.

Le *plaisir* ne naît point sans effort, il a pour père le *travail.*
Entre mille applications auxquelles cette fable pourrait donner lieu, choisissons la première qui se présente ; il suffira de changer quelques mots :

Un jeune enfant avait reçu un livre de fables ; il y porte les yeux, fait la grimace... « Ah ! certes, dit-il, on s'est bien trompé en m'assurant que ces fables étaient belles, » et il jette le livre. Son voisin le ramasse, l'ouvre, le lit avec attention, et dit avec autant d'esprit que d'à-propos : « Ce livre est très-intéressant, mais il faut le comprendre ; sous l'enveloppe qui le couvre, sous le nom des animaux qu'il fait agir et parler, il faut savoir découvir les actions et les paroles des hommes. » Si vous tenez à ressembler à la Guenon, je vous dirai, comme le singe : Ne vous arrêtez pas à l'enveloppe, allez plus loin, goûtez le fruit. Il en est de même des fables, *mais il faut savoir les lire.*

FABLE IX.

LE LAPIN ET LA SARCELLE.

Unis dès leurs jeunes ans
  D'une amitié fraternelle,
  Un lapin, une sarcelle [1],
  Vivaient heureux et contents.
Le terrier du lapin était sur la lisière
  D'un parc bordé d'une rivière.
  Soir et matin nos bons amis,
  Profitant de ce voisinage,
Tantôt au bord de l'eau, tantôt sous le feuillage,

1. La SARCELLE est une espèce d'oiseau du genre *Canard.* Son plumage est maillé de noir sur un fond gris. Elle est de petite taille, fait son nid tous les jours et ne quitte les étangs qu'aux approches de l'hiver.

L'un chez l'autre étaient réunis.
Là, prenant leurs repas, se contant des nouvelles,
Ils n'en trouvaient point de si belles
Que de se répéter qu'ils s'aimeraient toujours.
Ce sujet revenait sans cesse en leurs discours.
Tout était en commun, plaisir, chagrin, souffrance :
Ce qui manquait à l'un, l'autre le regrettait.
Si l'un avait du mal, son ami le sentait;
Si d'un bien au contraire il goûtait l'espérance,
Tous deux en jouissaient d'avance[1].
Tel était leur destin, lorsqu'un jour (jour affreux!)
Le lapin, pour dîner venant chez la sarcelle,
Ne la retrouve plus; inquiet, il l'appelle;
Personne ne répond à ses cris douloureux.
Le lapin, de frayeur l'âme toute saisie,
Va, vient, fait mille tours, cherche dans les roseaux,
S'incline par-dessus les flots,
Et voudrait s'y plonger pour trouver son amie[2].
Hélas! s'écriait-il, m'entends-tu ? réponds-moi,
Ma sœur, ma compagne chérie ;
Ne prolonge pas mon effroi :
Encor quelques moments, c'en est fait de ma vie[3] :
J'aime mieux expirer que de trembler pour toi.
Disant ces mots, il court, il pleure,
Et, s'avançant le long de l'eau,
Arrive enfin près du château
Où le seigneur du lieu demeure[4].
Là, notre désolé lapin
Se trouve au milieu d'un parterre,

1. La description de cette intimité et de ce bonheur est vraiment ravissante.
2. *Il voudrait*, mais la réflexion l'arrête; en se jetant *dans les flots* il se perdrait sans sauver son amie. Les lapins ne savent pas nager.
3. Encor quelques moments et je mourrai de chagrin.
4. A l'époque où Florian vivait, on appelait *seigneur du pays* le noble qui habitait le château autour duquel le village se groupait.

Et voit une grande volière
Où mille oiseaux divers volaient sur un bassin.
    L'amitié donne du courage[1].
Notre ami, sans rien craindre, approche du grillage[2],
Regarde, et reconnaît (ô tendresse ! ô bonheur !)
La sarcelle : aussitôt il pousse un cri de joie ;
Et, sans perdre de temps à consoler sa sœur,
    De ses quatre pieds il s'emploie
    A creuser un secret chemin[3]
Pour joindre son amie ; et, par ce souterrain,
Le lapin tout à coup entre dans la volière,
Comme un mineur qui prend une place de guerre[4].
Les oiseaux effrayés se pressent en fuyant.
Lui court à la sarcelle[5], il l'entraîne à l'instant
Dans son obscur sentier, la conduit sous la terre ;
Et, la rendant au jour, il est prêt à mourir
    De plaisir[6].
Quel moment pour tous deux ! Que ne sais-je le peindre
    Comme je saurais le sentir !
Nos bons amis croyaient n'avoir plus rien à craindre ;
Ils n'étaient pas au bout[7]. Le maître du jardin ;
En voyant le dégât commis dans sa volière,
Jure d'exterminer jusqu'au dernier lapin :
Mes fusils ! mes furets[8] ! criait-il en colère.
    Aussitôt fusils et furets
    Sont tout prêts.

1. Que ne fait-on pas pour sauver un ami ?
2. « Le grillage qui ferme la volière et derrière lequel les oiseaux voltigent. »
3. Les lapins ont une merveilleuse dextérité pour creuser la terre.
4. Les MINEURS en effet sont entrés souvent dans des villes assiégées au moyen de *souterrains* qu'ils avaient creusés.
5. « Quant à lui, il ne s'occupe pas de la frayeur des oiseaux, il court à son amie. » Le style du fabuliste est rapide comme l'action qu'il décrit.
6. L'extrême joie peut causer la mort comme l'extrême douleur.
7. « Ils n'étaient pas hors de danger. »
8. Les FURETS sont de petits quadrupèdes du genre *Putois*. Ils

8.

Les gardes et les chiens vont dans les jeunes tailles [1],
  Fouillant les terriers, les broussailles ;
Tout lapin qui paraît trouve un affreux trépas [2] :
Les rivages du Styx sont bordés de leurs mânes [3] ;
    Dans le funeste jour de Cannes,
    On mit moins de Romains à bas [4].
La nuit vient ; tant de sang n'a point éteint la rage
Du seigneur, qui remet au lendemain matin
    La fin de l'horrible carnage.
    Pendant ce temps, notre lapin,
Tapi sous des roseaux auprès de la sarcelle,
    Attendait, en tremblant, la mort,
Mais conjurait sa sœur de fuir à l'autre bord,
    Pour ne pas mourir devant elle [5].
Je ne te quitte point, lui répondait l'oiseau :
Nous séparer serait la mort la plus cruelle.
    Ah ! si tu pouvais passer l'eau !
Pourquoi pas ? Attends-moi... La sarcelle le quitte,
    Et revient traînant un vieux nid
Laissé par des canards ; elle l'emplit bien vite
De feuilles de roseau, les presse, les unit
Des pieds, du bec, en forme un batelet capable

sont ennemis acharnés des lapins ; aussi les emploie-t-on souvent
pour la chasse de ces animaux ; on les muselle et on les fait entrer
dans les terriers. I. s lapins effrayés prennent la fuite et tombent,
lorsqu'ils cherchent à sortir, sous les coups du chasseur.

1. On appelle JEUNES TAILLES le bois qui commence à revenir
après avoir été coupé.

2. « Tous les lapins qu'on rencontre sont tués. »

3. Le fabuliste fait allusion à la croyance des anciens sur les
MANES, ou âmes des morts. Ces âmes, disaient les poètes grecs,
séjournaient aux enfers, sur les rives du STYX, jusqu'à ce que le
batelier Charon leur fît passer ce fleuve.

4. Les Romains perdirent *cinquante mille* hommes à CANNES. Le
rapprochement est donc exagéré ; la comparaison est *hyperbolique*.
CANNES est un village du royaume de Naples, en Italie. La défaite
à laquelle Florian fait allusion eut lieu 216 ans avant J.-C.

5. « Afin qu'il ne mourût pas sous les yeux de l'oiseau. » *Pour
ne pas mourir* est une expression incorrecte, car elle se rapporte
grammaticalement à la sarcelle.

De supporter un lourd fardeau ;
    Puis elle attache à ce vaisseau
Un brinc de jonc, qui servira de câble [1].
    Cela fait, et le bâtiment
Mis à l'eau, le lapin entre tout doucement
Dans le léger esquif, s'assied sur son derrière,
Tandis que devant lui la sarcelle nageant
Tire le brin de jonc, et s'en va dirigeant
    Cette nef [2] à son cœur si chère.
On aborde, on débarque, et jugez du plaisir !
    Non loin du port on va choisir
Un asile où, coulant des jours dignes d'envie,
    Nos bons amis, libres, heureux,
    Aimèrent d'autant plus la vie,
    Qu'ils se la devaient tous les deux.

Cette fable est une des plus belles de Florian ; ce n'est pas
assez de la lire, il faut en orner notre mémoire en l'appre-
nant par cœur. Quel plaisir de la réciter sans le secours du
livre ; de la rappeler au souvenir de nos parents qui, eux
aussi, l'ont lue et reçue dans leur enfance, et qui l'écouteront
avec un nouveau charme ! mais il ne faut pas la réciter rapi-
dement et sans goût. Un enfant intelligent doit prononcer
chaque phrase lentement et distinctement, et l'accompagner
d'un geste convenable. Il me semble le voir récitant la fable
du *Lapin et de la Sarcelle*. Son air calme, sa figure souriante,
dès le début, exprime le bonheur dont jouissaient les deux
amis. Vous remarquerez, chers enfants, que tous les verbes
du commencement sont à l'*imparfait*. Il en est ordinairement
ainsi. Le début de toute narration s'appelle *exposition ; le
nœud* vient ensuite, et la fin s'appelle *dénoûment*. Le nœud
de cette fable commence à ces mots : *Tel était leur destin,
Les verbes y sont au *présent* ou au *parfait*.
    Le *dénoûment* s'annonce par la disparition de tout danger,
au moment où le Lapin, remorqué par la Sarcelle, aborde au

---

1. « Cordage avec lequel on hale un bateau. »
2. Les poëtes emploient indifféremment plusieurs mots pour désigner un même objet ; témoin les mots *batelet*, *vaisseau*, *bâtiment*,
esquif, *nef*, pour désigner la barque que la sarcelle a construite.

rivage, où désormais heureux, *nos bons amis* vivront l'un près de l'autre.

FABLE X.

LES DEUX CHAUVES.

Un jour, deux chauves dans un coin
Virent briller certain morceau d'ivoire[1] :
Chacun d'eux veut l'avoir ; dispute et coups de poing[2].
Le vainqueur y perdit, comme vous pouvez croire,
Le peu de cheveux gris qui lui restaient encor.
    Un peigne était le beau trésor[3]
    Qu'il eut pour prix de sa victoire.

Florian nous montre ici la folie de certains hommes qui se disputent la possession d'un objet inutile. Les deux chauves en question n'ont pas seulement perdu leurs cheveux, mais ils ont encore perdu leur raison. Se disputer pour un morceau d'ivoire ! S'arracher les cheveux pour un peigne ! Vous ne pouvez comprendre une telle aberration d'esprit, n'est-ce pas ? Et cependant, songez-y, pareille chose ne vous est-elle pas arrivée ? Pour une bille, pour un volant, vous en êtes venus aux coups de poing (fi donc !) peut-être avec un camarade. Qu'en est-il résulté ? Le vainqueur n'a eu qu'une bille cassée, un volant déchiqueté, et la honte de sa victoire. Que l'exemple des deux Chauves vous préserve à tout jamais des disputes !

1. L'IVOIRE est blanc. Vous savez qu'on appelle ainsi les dents d'éléphant, dont on fait des objets d'art et d'utilité. Il est rare qu'on en fasse des peignes. On se sert plus souvent, dans ce but, de corne ou d'écaille.
2. *Phrase elliptique.* « Une *dispute* eut lieu, et les deux chauves se donnèrent des coups de poing. »
3. Cela est dit par ironie.

FABLE XI.

LE CHAT ET LES RATS.

Un angora[1], que sa maîtresse
Nourrissait de mets délicats,
Ne faisait plus la guerre aux rats ;
Et les rats, connaissant sa bonté, sa paresse,
Allaient, trottaient partout, et ne se gênaient pas.
Un jour, dans un grenier retiré, solitaire,
Où notre chat dormait après un bon festin,
  Plusieurs rats viennent dans le grain
  Prendre leur repas ordinaire.
L'angora ne bougeait[2]. Alors mes étourdis
Pensent qu'ils lui font peur ; l'orateur de la troupe[4]
  Parle des chats avec mépris.
  On applaudit fort, on s'attroupe,
  On le proclame général.
Grimpé sur un boisseau qui sert de tribunal[5] :
Braves amis, dit-il, courons à la vengeance[6].
De ce grain désormais nous devons être las,
Jurons de ne manger désormais que des chats :
On les dit excellents, nous en ferons bombance.
A ces mots, partageant son belliqueux transport,
Chaque nouveau guerrier sur l'angora s'élance.

1. On appelle *Chat angora,* ou simplement ANGORA, une race de chats qui vient d'*Angora,* ville de la Turquie d'Asie. Ces animaux ont le poil très-long.
2. Voyez la fable des *Deux Chats,* page 61.
3. « Le chat ne bougeait pas. » Les poëtes se permettent quelquefois dans le style familier d'employer la négation *ne* seule : mais il ne faut pas les imiter.
4. Charmante expression pour désigner un rat bavard.
5. Image pittoresque. Le TRIBUNAL, chez les Romains, était le siége élevé d'où les tribuns haranguaient le peuple. C'est à quoi sans doute Florian fait allusion. Ce mot a aujourd'hui plusieurs autres significations.
6. « Hâtons de nous venger. »

Et réveille le chat qui dort[1],
Celui-ci, comme on croit, dans sa juste colère,
   Couche bientôt sur la poussière
   Général, tribuns et soldats[2].
   Il ne s'échappa que deux rats
Qui disaient, en fuyant bien vite à leur tanière[3] :
   Il ne faut point pousser à bout
   L'ennemi le plus débonnaire[4] ;
On perd ce que l'on tient, quand on veut gagner tout.

Les rats étourdis, pleins d'eux-mêmes, ambitieux, avides, payent de leur mort l'entreprise où la passion les a conduits. Nous pourrions appliquer cette fable à mainte révolte, dont l'histoire a enregistré les catastrophes ; appliquons-la à nous-mêmes. Contentons-nous de ce que nous avons, et n'écoutons jamais la voix de ces *orateurs de troupe*, qui proposent des entreprises coupables, en promettant monts et merveilles. En voulant gagner tout, on perd ce que l'on tient. LA FONTAINE l'a dit aussi :

Un tiens vaut mieux que deux tu l'auras.

FABLE XII.

LE MIROIR DE LA VÉRITÉ[5]

DANS le beau siècle d'or, quand les premiers humains,
   Au milieu d'une paix profonde,

1. Ces mots sont devenus proverbe, comme cent autres phrases où se trouve le mot *chat* : ÉVEILLER LE CHAT QUI DORT, c'est chercher un danger qu'on pouvait éviter, réveiller une querelle assoupie.
2. « Tue le général, les officiers, les soldats. » Il y avait à Rome, des *tribuns des soldats* dont le grade équivalait à celui de *colonel* dans nos troupes. Les *tribuns du peuple* étaient des officiers civils qui étaient chargés de défendre les intérêts des citoyens.
3. TANIÈRE se dit ordinairement de la demeure des animaux sauvages. Celle des rats s'appelle plus modestement *trou*.
4. « L'ennemi le plus pacifique. » Le qualificatif *débonnaire* ne se donne guère qu'aux rois et aux princes; il signifie quelquefois *faible, insouciant ;* mais le plus souvent il exprime la douceur du caractère.
5. Les poètes et les peintres représentent quelquefois *la Vérité* un miroir à la main, Florian nous dit pourquoi. Voyez la première fable du livre premier.

Coulaient des jours purs et sereins[1],
La Vérité courait le monde
Avec son miroir dans les mains.
Chacun s'y regardait, et le miroir sincère
Retraçait à chacun son plus secret désir
Sans jamais le faire rougir[2] :
Temps heureux, qui ne dura guère !
L'homme devint bientôt méchant et criminel.
La Vérité s'enfuit au ciel,
En jetant, de dépit, son miroir sur la terre.
Le pauvre miroir se cassa.
Ses débris, qu'au hasard la chute dispersa,
Furent perdus pour le vulgaire[3].
Plusieurs siècles après, on en connut le prix
Et c'est depuis ce temps que l'on voit plus d'un sage[4]
Chercher avec soin ces débris,
Les retrouver parfois ; mais ils sont si petits,
Que personne n'en fait usage.
Hélas ! le sage le premier
Ne s'y voit jamais tout entier.

C'est qu'en effet, nul homme n'est complétement sage. Il a toujours un défaut si petit qu'il soit qu'il ne cherche pas à corriger, et qu'il ne regarde pas dans le miroir. Un grand philosophe de l'antiquité , qui avait consacré toute sa vie à la recherche de la Vérité, disait : Tout ce que je sais c'est que je ne sais rien.... Nous, nous avouerons plus simplement, sans nous croire pour cela des sages, que nous cherchons à connaître nos défauts, afin de nous en corriger; nous sommes si *petits* que nous nous voyons *tout entiers* dans un *débris* de miroir, et quand nous nous examinons bien, nous découvrons toujours en nous de nouvelles imperfections. Mais loin de

1. Suivant les mêmes poètes, l'AGE D'OR est l'époque où les hommes étaient innocents et heureux; *l'âge d'argent* où la corruption commença ; *l'âge d'airain*, pendant lequel elle augmenta; *l'âge de fer*, où tout bonheur disparut avec la vérité et la vertu.
2. On ne rougissait pas de ses plus secrets désirs, parce que ces désirs étaient innocents.
3. « Pour la plupart des hommes. »
4. Les sages cherchent la vérité. C'est la plus noble des études.

nous décourager, et de jeter le miroir, prenons la résolution
de devenir meilleurs en tout et partout : nous éprouverons
alors un véritable plaisir à nous regarder dans le miroir de
la Vérité.

FABLE XIII.

LES DEUX PAYSANS ET LE NUAGE.

Guillot, disait un jour Lucas
D'une voix triste et lamentable,
Ne vois-tu pas venir là-bas
Ce gros nuage noir ? C'est la marque effroyable [lot.
Du plus grand des malheurs.—Pourquoi? répond Guil-
— Pourquoi? regarde donc; ou je ne suis qu'un sot,
Ou ce nuage est de la grêle
Qui va tout abîmer ; vigne, avoine, froment,
Toute la récolte nouvelle
Sera détruite en un moment.
Il ne restera rien, le village en ruine
Dans trois mois aura la famine,
Puis la peste viendra, puis nous périrons tous[1]. —
La peste ! dit Guillot : doucement, calmez-vous ;
Je ne vois point cela, compère :
Et, s'il faut vous parler selon mon sentiment,
C'est que je vois tout le contraire ;
Car ce nuage assurément
Ne porte point de grêle, il porte de la pluie.
La terre est sèche dès longtemps,
Il va bien arroser nos champs ;
Toute notre récolte en doit être embellie.
Nous aurons le double de foin,
Moitié plus de froment, de raisins abondance ;
Nous serons tous dans l'opulence[2],

---

1. Ce pauvre Lucas extravague vraiment. La grêle fait du tort
aux moissons, mais pas autant que Lucas veut bien le dire, car le
mal est toujours limité à une contrée.
2. Guillot exagère dans un sens opposé à Lucas.

Et rien, hors les tonneaux, ne nous fera besoin [1].
C'est bien voir que cela [2] ! dit Lucas en colère. —
Mais chacun a ses yeux [3], lui répondit Guillot. —
Oh ! puisqu'il est ainsi, je ne dirai plus mot ;
    Attendons la fin de l'affaire :
Rira bien qui rira le dernier [4].— Dieu merci,
    Ce n'est pas moi qui pleure ici.
Ils s'échauffaient [5] tous deux ; déjà, dans leur furie,
Ils allaient se gourmer [6], lorsqu'un souffle de vent
Emporta loin de là le nuage effrayant :
    Ils n'eurent ni grêle ni pluie.

La modération est une vertu aussi rare que précieuse ; beaucoup d'hommes ressemblent à Guillot ou à Colas. Les uns voient tout en *noir* ; les moindres événements leur donnent des craintes ; leur imagination grossit le danger : au moindre nuage, ils présagent la grêle, et toutes les conséquences de ce terrible fléau. Les autres, au contraire, voient tout *en rose*. Tout est pour le mieux ; rien ne les épouvante, ils espèrent quand même ; l'approche du nuage noir ne leur annonce que greniers pleins de blé et tonneaux pleins de vin. — Entre ces deux extrêmes, entre les Guillot et les Lucas, il y a un terme moyen, c'est d'attendre sans discussion ni disputes inutiles que la pluie ou la grêle tombe du nuage. Nous ne sommes pas maîtres des événements. Laissons à Dieu, ordonnateur souverain de l'univers, la connaissance de l'avenir ; n'ayons ni craintes ni espérances exagérées : Le nuage qui les provoque peut n'avoir ni grêle, ni pluie. Attendons ! Cette fable nous prouve de plus que le babil est pernicieux ; la discussion mène à la dispute, la dispute aux coups.... et pourquoi ? — Pour une vapeur que le vent emporte.

1. Dans les années où il y a beaucoup de vin, les tonneaux manquent.
2. Ironie. Lucas dit le contraire de ce qu'il veut faire entendre.
3. Proverbe. « Chacun voit à sa façon. »
4. Proverbe. Les hommes des champs citent volontiers les proverbes dans les discussions.
5. « Ils disputaient vivement, chaudement. »
6. Vieille expression gauloise : « Ils allaient en venir aux coups de poing, comme *les deux chauves* de la fable. »

FABLE XIV.

LE VOYAGE.

PARTIR avant le jour, à tâtons, sans voir goutte[1],
Sans songer seulement à demander sa route[2];
Aller de chute en chute, et, se traînant ainsi[3],
Faire un tiers du chemin jusqu'à près de midi[4];
Voir sur sa tête alors amasser les nuages[5];
Dans un sable mouvant précipiter ses pas[6];
Courir, en essuyant orages sur orages[7],
Vers un but incertain où l'on n'arrive pas[8];
Détrompé vers le soir, chercher une retraite[9];
Arriver haletant, se coucher, s'endormir[10]:
On appelle cela naître, vivre, et mourir[11].
        La volonté de Dieu soit faite[12]!

Les poëtes aiment à comparer la vie de l'homme à un voyage qui ne dure qu'un jour; son enfance correspond au matin, et sa vieillesse au soir. Cette comparaison est aussi ancienne que belle. — « Les jours de mon voyage, disait Jacob au roi Pharaon, ne seront pas aussi longs que ceux de mes pères. » — Le terme de ce voyage, c'est l'arrivée en présence de Dieu, c'est le commencement de la véritable vie, de cette vie qui ne finira jamais.

1. « Sans rien voir. » L'enfant qui vient de naître ne peut pas se tenir debout; il ouvre les yeux, mais il ne sait ce qu'il voit.
2. Il se laisse porter partout où l'on veut.
3. Devenu grand, il va *de chute en chute*, c'est-à-dire il tombe dans un péril et se relève pour tomber dans un autre; la vie du jeune homme est semée de tant d'écueils!
4. Il arrive au tiers de la vie et presque à l'âge mûr.
5. Il voit les périls s'aggraver et menacer sa personne, ses biens.
6. Il se jette avec précipitation dans les affaires hasardeuses.
7. Il éprouve malheur sur malheur.
8. Il court vers la fortune sans pouvoir l'atteindre.
9. Il s'aperçoit de son erreur en vieillissant et cherche un lieu de repos.
10. Il arrive épuisé; il tombe malade; il meurt.
11. Telle est la vie de l'homme sur la terre.
12. Admirable parole de résignation, tirée de l'*oraison dominicale*.

FABLE XV.

LE COQ FANFARON [1].

Il fait bon battre un glorieux [2] :
Des revers qu'il éprouve il est toujours joyeux :
Toujours sa vanité trouve dans sa défaite
    Un moyen d'être satisfaite.
    Un coq, sans force et sans talent,
    Jouissait, on ne sait comment,
    D'une certaine renommée.
Cela se voit, dit-on, chez la gent emplumée [3],
Et chez d'autres encore [4]. Insolent comme un sot,
Notre coq traita mal un poulet de mérite [5].
    La jeunesse aisément s'irrite ;
Le poulet offensé le provoque aussitôt,
Et, le cou tout gonflé, sur lui se précipite.
    Dans l'instant le coq orgueilleux
Est battu, déplumé, reçoit mainte blessure ;
Et si l'on n'eût fini ce combat dangereux,
    Sa mort terminait l'aventure.
Quand le poulet fut loin, le coq, en s'épluchant,
Disait : Cet enfant-là m'a montré du courage ;
    J'ai beaucoup ménagé son âge,
    Mais de lui je suis fort content.

1. Un FANFARON est un faux brave qui aime à chanter victoire. Ce mot vient de *fanfare*, air bruyant que font entendre les chasseurs victorieux.
2. « Il est plaisant de battre un glorieux, » un homme vain et superbe.
3. « Chez les oiseaux. » Périphrase. Le substantif *gent* est vieux ; il ne s'emploie que dans la poésie légère. LA FONTAINE a dit de même : *la gent trotte-menu*, pour les souris.
4. « Chez les hommes. »
5. « Un jeune coq qui promettait de devenir fort en grandissant. » On appelle *homme de mérite* un homme devenu savant ou puissant par l'étude et le travail.

Un coq, vieux et cassé[1], témoin de cette histoire[2],
    La répandit et s'en moqua[3].
    Notre fanfaron l'attaqua,
Croyant facilement remporter la victoire.
Le brave vétéran[4], de lui trop mal connu,
En quatre coups de bec lui partage la crête,
Le dépouille en entier des pieds jusqu'à la tête,
    Et le laisse là presque nu.
    Alors notre coq, sans se plaindre,
Dit : C'est un bon vieillard ; j'en ai bien peu souffert ;
    Mais je le trouve encore vert[5] ;
Et, dans son jeune temps, il devait être à craindre.

Il est plus d'un enfant, dans les maisons d'éducation, qui ressemble au *Coq fanfaron* de cette fable. La vanité et l'amour-propre sont des défauts si communs ! Le portrait n'est pas flatteur. Aussi insolent que sot, l'enfant fanfaron s'imagine avoir plus de talent que tous ses camarades ; mais lorsque viennent les jours de combat, c'est-à-dire, les jours de *composition*, il est vaincu ; ceux qu'il méprisait obtiennent de bonnes places, et il se voit relégué aux derniers rangs. Cependant il ne s'en attriste pas : « S'il n'a pas bien fait son devoir, c'est qu'il ne l'a pas voulu ; c'est que ses condisciples travaillent beaucoup : mais ils n'ont pas autant de talent que lui. Allons donc, monsieur est un Phénix ! » — Malheureusement, la vanité seule lui inspire ces paroles, et tandis qu'il est satisfait de sa petite personne, ses camarades, jeunes et vieux, se moquent de lui et avec raison.

1. « Vieux et infirme. »
2. « Témoin du fait et de la manière dont le fanfaron en parlait. »
3. Phrase incorrecte. Il eût fallu : « Et se moqua du coq fanfaron. »
4. Un VÉTÉRAN est un vieux soldat qui s'est distingué au service militaire.
5. « Je le trouve encore vigoureux. » Un vieil arbre encore *vert* est vigoureux ; c'est pourquoi on dit d'un vieillard vigoureux qu'il est encore *vert*.

FIN DU LIVRE QUATRIÈME.

LIVRE CINQUIÈME.

FABLE I.

A M. l'abbé Delille[1].

LE BERGER ET LE ROSSIGNOL.

O toi dont la touchante et sublime harmonie
Charme toujours l'oreille en attachant le cœur[2],
    Digne rival, souvent vainqueur
    Du chantre fameux d'Ausonie[3],
Delille, ne crains rien; sur mes légers pipeaux[4]
Je ne viens point ici célébrer tes travaux,
Ni dans de faibles vers parler de poésie.
    Je sais que l'immortalité,
Qui t'est déjà promise au temple de Mémoire[5],
    T'est moins chère que ta gaîté;
Je sais, que méritant tes succès sans y croire,
Content par caractère et non par vanité,
    Tu te fais pardonner ta gloire
    A force d'amabilité[6]:

1. L'ABBÉ DELILLE était connu par sa traduction en vers d'un poëme de Virgile, *les Géorgiques*. Né 17 ans avant le fabuliste, il mourut 19 ans plus tard, en 1813. Le titre d'*abbé* qu'il portait lui venait d'une *abbaye* qui lui avait été donnée avant la révolution, mais il n'était point prêtre.

2. Delille récitait ses vers harmonieux avec tant de charme que ses contemporains l'appelaient le *dupeur d'oreilles*.

3. « Rival de Virgile. » La gloire de Delille est singulièrement déchue de nos jours. Ses vers, tout harmonieux qu'ils sont, ne valent pas ceux de Virgile.

4. Les PIPEAUX étaient les instruments de musique des anciens bergers; ils sont l'emblème de la poésie pastorale.

5. « Je sais que ton nom sera immortel. » Le *temple de mémoire* n'existe, comme toutes les fictions de l'antiquité, que dans l'imagination des poètes.

6. Delille était devenu le favori de la cour et des salons, grâce aux charmes de sa conversation. Plus tard, sous la révolution, il fut emprisonné. Il n'échappa qu'avec peine à l'échafaud et s'exila jusqu'au jour où Napoléon rendit le calme à la France et décerna de nouveaux honneurs au poëte.

C'est ton secret, aussi je finis ce prologue [1],
  Mais du moins lis mon apologue [2];
Et si quelque envieux, quelque esprit de travers [3],
  Outrageant un jour tes beaux vers,
Te donneassez d'humeur pour t'empêcher d'écrire,
Je te demande alors de vouloir le relire.
Dans une belle nuit du charmant mois de mai,
Un berger contemplait du haut d'une colline,
La lune promenant sa lumière argentine
Au milieu d'un ciel pur d'étoiles parsemé;
Le tilleul odorant, le lilas, l'aubépine,
Au gré du doux zéphyr balançant leurs rameaux,
  Et les ruisseaux dans les prairies
  Brisant sur des rives fleuries
  Le cristal de leurs claires eaux [4].
  Un rossignol, dans le bocage,
Mêlait ses doux accents à ce calme enchanteur;
L'écho les répétait, et notre heureux pasteur,
Transporté de plaisir, écoutait son ramage.
Mais tout à coup l'oiseau finit ses tendres sons.
  En vain le berger le supplie
  De continuer ses chansons :
Non, dit le rossignol, c'en est fait pour la vie;
Je ne troublerai plus ces paisibles forêts [5].
  N'entends-tu pas dans ces marais
  Mille grenouilles coassantes [6]
Qui, par des cris affreux, insultent à mes chants?

1. « Je finis cette préface. »
2. « Lis ma fable. » Prologue et apologue sont des mots grecs.
3. « Un esprit mal tourné, mal disposé en ta faveur. »
4. Charmante description, harmonieux développement de cette phrase : « Dans une nuit du mois de mai, un berger contemplait la lune, les arbres et les ruisseaux. »
5. « Je ne chanterai plus. »
6. *Les grenouilles coassent:* ce terme exprime le cri de ces animaux. C'est une *onomatopée.* Ainsi l'appellent les grammairiens, parce que le son du mot imite la chose qu'il signifie. C'est aussi par onomatopée qu'on dit : *le mouton bêle.*

Je cède, et reconnais que mes faibles accents
Ne peuvent l'emporter sur leurs voix glapissantes[1].—
Ami, dit le berger, tu vas combler leurs vœux;
Te taire est le moyen qu'on les écoute mieux:
Je ne les entends plus aussitôt que tu chantes[2].

Florian est le berger, Delille est le Rossignol. Le premier recommande au second de ne point cesser de chanter. Les vers des poëtes s'appellent *chants*.

Quand Delille eut été rappelé en France, après la révolution, il recommença à chanter. Il fit paraître de 1800 à 1813, époque de sa mort, de nouveaux poëmes traduits du latin et de l'anglais. Il en composa aussi dans le genre descriptif, tels que *l'Homme des champs, l'Imagination, les Trois règnes de la nature, la Conversation.* Mais à l'époque où Florian lui adressa *l'apologue* qui précède, ce poëte déjà célèbre n'avait encore fait paraître que la traduction des *Géorgiques* et le poëme des *Jardins.*

FABLE II.

LES DEUX LIONS.

Sur les bords africains[3], aux lieux inhabités
Où le char du soleil roule en brûlant la terre[4],
Deux énormes lions, de la soif tourmentés,
Arrivèrent au pied d'un désert solitaire.
Un filet d'eau coulait, faible et dernier effort
    De quelque naïade expirante[5].
    Les deux lions courent d'abord
    Au bruit de cette eau murmurante.

1. GLAPIR ne se dit ordinairement que du cri des petits chiens et des renards.
2. « Parce que je n'écoute que toi. »
3. « En Afrique. »
4. « Dans la zone torride, près de l'Équateur. »
5. Les anciens supposaient qu'une jeune déesse nommée NAÏADE ou *nymphe* épanchait de son urne l'eau des fontaines; quand l'eau cessait de couler, c'est que la naïade avait cessé de vivre.

Ils pouvaient boire ensemble ; et la fraternité,
Le besoin, leur donnaient ce conseil salutaire,
    Mais l'orgueil disait le contraire,
    Et l'orgueil fut seul écouté.
Chacun veut boire seul : d'un œil plein de colère
    L'un l'autre ils vont se mesurants [1],
Hérissent de leur cou l'ondoyante crinière ;
De leur terrible queue ils se frappent les flancs [2],
Et s'attaquent avec de tels rugissements [3],
Qu'à ce bruit, dans le fond de leur sombre tanière,
Les tigres d'alentour vont se cacher tremblants.
    Égaux en vigueur, en courage [4],
Le combat fut plus long qu'aucun de ces combats
Qui d'Achille ou d'Hector signalèrent la rage [5] ;
    Car les dieux ne s'en mêlaient pas [6].
Après une heure ou deux d'efforts et de morsures,
Nos héros fatigués, déchirés, haletants,
    S'arrêtèrent en même temps,
    Couverts de sang et de blessures,
    N'en pouvant plus, morts à demi,
Se traînant sur le sable, à la source ils vont boire ;
Mais, pendant le combat, la source avait tari.
Ils expirent auprès.
          Vous lisez votre histoire [7],
Malheureux insensés, dont les divisions,
    L'orgueil, les fureurs, la folie,

1. Il eût été plus correct d'écrire ce participe présent sans s final.
2. « Les côtés. »
3. *Les lions rugissent.* Onomatopée.
4. La phrase qui forme ce vers n'est pas correcte ; il faudrait :
« *Comme ils étaient* égaux en vigueur, en courage. »
5. « Qui firent voir l'acharnement d'Achille et d'Hector l'un contre
l'autre. » Les combats de ces deux héros sont racontés dans un
poème d'Homère, l'*Iliade*, ou guerre de Troie. Achille était le plus
vaillant des Grecs qui assiégeaient cette ville ; Hector en était le plus
brave défenseur.
6. Les dieux, selon Homère, prenaient souvent part aux luttes des
guerriers et en abrégeaient la durée.
7. « L'histoire de ces lions est la vôtre. »

Consument en douleurs le moment de la vie[1] :
    Hommes, vous êtes ces lions ;
    Vos jours, c'est l'eau qui s'est tarie[2].

Cette fable s'adresse aux ambitieux, aux conquérants, qui se disputent les armes à la main, la possession d'un pays. Elle s'adresse à tous les hommes qui se disputent devant les tribunaux la possession d'un héritage. Pendant les combats, pendant les procès, la province pillée, ravagée, couverte de ruines, perd toute sa valeur ; l'héritage, diminué par les frais de justice, se réduit à rien. — Les enfants peuvent aussi voir dans cette fable un exemple de ce qui arrive trop souvent entre des condisciples. A la promenade, par exemple, dans un jour de chaleur, on trouve un filet d'eau pure. On pourrait boire ensemble ; et la fraternité, le besoin donnent cet avis salutaire. Mais non ! chacun veut boire seul. L'égoïsme est un horrible défaut ! On finit par se battre, au bord même de l'eau. — D'autres fois, c'est un jouet dont on se dispute la possession, au lieu de s'en amuser ensemble. Le jouet se brise entre les mains des petits batailleurs, et nul ne peut en jouir. Ah ! combien il est plus doux et plus sage de partager avec nos camarades un objet qui leur plaît autant qu'à nous. Florian nous a déjà montré qu'on fait son propre bonheur en faisant celui des autres. (Voyez la fable de l'*Aveugle* et du *Paralytique.*)

FABLE III.

LA COLOMBE ET SON NOURRISSON.

    UNE colombe gémissait
    De ne pouvoir devenir mère [3],
Et de se plaindre au ciel jour et nuit ne cessait [4],

1. « Hommes malheureux dont les passions remplissent de douleurs la vie déjà si courte. »
2. « Votre vie passe comme l'eau de la source. »
3. « Une colombe gémissait de n'avoir pas de petits pigeons dans son nid. » La COLOMBE est la femelle du *pigeon.*
4. « Et ne cessait de se plaindre au ciel. » *Inversion.*

Un jour, se promenant dans un bois solitaire,
    Elle rencontre en un vieux nid
Un œuf abandonné, point trop gros, point petit,
    Semblable aux œufs de tourterelle [1].
    Ah ! quel bonheur ! s'écria-t-elle :
    Je pourrai donc enfin couver [2],
    Et puis nourrir, puis élever
Un enfant qui fera le charme de ma vie !
    Tous les soins qu'il me coûtera,
    Les tourments qu'il me causera,
Seront encor des biens pour mon âme ravie ;
    Quel plaisir vaut ces soucis-là ?
Cela dit, dans le nid la colombe établie
Se met à couver l'œuf, et le couve si bien,
    Qu'elle ne le quitte pour rien,
Pas même pour manger [3] ; l'amour nourrit les mères [4].
Après vingt et un jours [5] elle voit naître enfin
Celui dont elle attend son bonheur, son destin,
    Et ses délices les plus chères.
De joie elle est prête à mourir ;
Auprès de son petit nuit et jour elle veille,
L'écoute respirer, le regarde dormir,
    S'épuise pour le mieux nourrir.
    L'enfant chéri vient à merveille,
    Son corps grossit en peu de temps :

1. La TOURTERELLE est une espèce de pigeon dont les plumes sont d'une jolie couleur gris perle. Elle est plus petite que le pigeon ordinaire.

2. « *Couver un œuf*, c'est lui fournir la chaleur dont il a besoin pour se transformer en petit oiseau. »

3. L'oiseau qui couve reste sur les œufs : les petits mourraient si le froid pouvait les atteindre ; la faim elle-même ne le force pas à les abandonner.

4. Retenez ce demi-vers : L'amour nourrit les mères ! — N'est-il pas vrai qu'une mère ne vit que par l'amour de ses enfants ?

5. Le temps que le jeune oiseau met à se développer dans l'intérieur de l'œuf varie selon les espèces. Il est de 18 jours pour les serins élevés en cage, de 21 jours pour les poules, de 25 pour les canards.

Mais son bec, ses yeux et ses ailes
Diffèrent fort des tourterelles[1];
La mère les voit ressemblants[2].
A bien élever sa jeunesse
Elle met tous ses soins, lui prêche la sagesse,
Et surtout l'amitié ; lui dit à chaque instant :
Pour être heureux, mon cher enfant,
Il ne faut que deux points, la paix avec soi-même,
Puis quelques bons amis dignes de nous chérir.
La vertu de la paix nous fait seule jouir[3],
Et le secret pour qu'on nous aime,
C'est d'aimer les premiers : facile et doux plaisir[4].
Ainsi parlait la tourterelle,
Quand, au milieu de sa leçon,
Un malheureux petit pinçon,
Echappé de son nid, vient s'abattre auprès d'elle.
Le jeune nourrisson à peine l'aperçoit,
Qu'il court à lui ; sa mère croit
Que c'est pour le traiter comme ami, comme frère,
Et pour offrir au voyageur
Une retraite hospitalière.
Elle applaudit déjà : mais quelle est sa douleur,
Lorsqu'elle voit son fils, ce fils dont la jeunesse
N'entendit que leçons de vertu, de sagesse,
Saisir le faible oiseau, le plumer, le manger,
Et garder, au milieu de l'horrible carnage,
Ce tranquille sang-froid, assuré témoignage
Que le cœur désormais ne peut se corriger[5]!

1. Son bec devenait long et crochu ; ses yeux avaient un regard oblique ; ses ailes prenaient un grand développement.
2. L'amour est aveugle, dit-on. Aux yeux d'une mère, un enfant est toujours beau.
3. « La vertu seule nous fait jouir de la paix, » et la paix seule donne le bonheur.
4. Comparez les paroles du chien au jeune lionceau, page 69.
5. Tout ce tableau est de main de maître ; c'est une peinture vive et animée. On ne lit plus, on voit.

Elle en mourut, la pauvre mère,
Quel triste prix des soins donnés à cet enfant!
  Mais c'était le fils d'un milan[1] :
  Rien ne change le caractère.

Cette fable n'a pas besoin de commentaires détaillés. La criminelle action du nourrison et la mort de la pauvre mère, qui en est la suite, nous prouvent qu'il est des caractères que rien ne peut changer, et que la mauvaise conduite des enfants cause la mort des parents. — Il n'est point de plus touchant spectacle que celui de l'*Education* du jeune Milan, mais il n'en est point de plus odieux que celui du meurtre qu'il commet sur le malheureux petit Pinson. Florian nous fait remarquer que le jeune Milan, au milieu de l'horrible carnage, a un air tranquille, et que cette tranquillité d'esprit est l'indice d'un caractère mauvais et incorrigible. Aussi a-t-on de tout temps comparé l'homme impudent et cruel au Milan, comme on a de tout temps comparé l'homme cruel et sot à la Buse.

FABLE IV.

JUPITER ET MINOS[2].

Mon fils, disait un jour Jupiter à Minos,
  Toi qui juges la race humaine,
Explique-moi pourquoi l'enfer suffit à peine
Aux nombreux criminels que t'envoie Atropos[3].
Quel est de la vertu le fatal adversaire
Qui corrompt à ce point la faible humanité[4]?

1. Le MILAN est un oiseau de proie de la famille des faucons. Il n'est pas susceptible d'éducation. Ses instincts sont cruels. Dans les basses-cours il se jette sur les petits poulets avec avidité.

2. JUPITER était, dans la mythologie, le plus puissant des dieux. MINOS, le juge des enfers, était un de ses fils. Voyez la fable XI du livre III, page 104.

3. ATROPOS est l'une des trois Parques. La vie des hommes, dont ces trois sœurs filaient la trame, était entre leurs mains. *Clotho* tenait la quenouille; *Lachésis* tournait le fuseau ; *Atropos* coupait le fil avec des ciseaux.

4. L'expression poétique de ces deux vers peut se traduire ainsi : « Quel est le vice qui corrompt à ce point les hommes? »

C'est, je crois, l'intérêt[1]. —L'intérêt? Non, mon père.
— Et qu'est-ce donc? — L'oisiveté.

Dans la fable ix du livre I, Florian nous a montré que l'intempérance est un des vices les plus funestes aux hommes. Il nous développe ici le proverbe si connu :

« L'Oisiveté est la mère de tous les vices. »

Et par conséquent la plus grande ennemie de la vertu. L'enfer suffit à peine aux nombreuses victimes de l'Oisiveté. Mais le châtiment de ce vice commence même avant la mort. Témoin cet autre proverbe non moins connu :

> Qui est oisif en sa jeunesse
> Peinera dans sa vieillesse.

FABLE V.

LE PETIT CHIEN.

La vanité nous rend aussi dupes que sots[2].
    Je me souviens, à ce propos,
Qu'au temps jadis[3], après une sanglante guerre
    Où, malgré les plus beaux exploits,
    Maint lion fut couché par terre[4],
    L'éléphant régna dans les bois.
    Le vainqueur, politique habile,
    Voulant prévenir désormais
Jusqu'au moindre sujet de discorde civile,
De ses vastes Etats exila pour jamais
La race des lions, son ancienne ennemie.
L'édit fut proclamé. Les lions affaiblis,
Se soumettant au sort qui les avait trahis,
    Abandonnent tous leur patrie.
Ils ne se plaignent pas, ils gardent dans leur cœur

1. « Le désir du gain. »
2. « La vanité nous expose à être trompés et à passer pour sots.»
3. « Autrefois, au temps passé. »
4. « Fut tué. » Périphrase. On dit aussi dans le même sens : « Couché sur le carreau. »

Et leur courage et leur douleur.
Un bon vieux petit chien, de la charmante espèce
De ceux qui vont portant, jusqu'au milieu du dos,
    Une toison tombant à flots[1],
    Exhalait ainsi sa tristesse :
Il faut donc vous quitter, ô pénates chéris[2]!
    Un barbare, à l'âge où je suis,
M'oblige à renoncer aux lieux qui m'ont vu naître,
Sans appui, sans secours, dans un pays nouveau,
Je vais, les yeux en pleurs, demander un tombeau
    Qu'on me refusera peut-être.
O tyran, tu le veux! allons, il faut partir!
Un barbet[3] l'entendit; touché de sa misère :
Quel motif, lui dit-il, peut t'obliger à fuir?
— Ce qui m'y force? ô ciel! Et cet édit sévère
Qui nous chasse à jamais de cet heureux canton[4]?...
— Nous? — Non pas vous, mais moi. — Comment?
                    [toi, mon cher frère?
Qu'as-tu donc de commun...? — Plaisante question!
    Eh! ne suis-je pas un lion?

Voilà donc un petit Chien tout mignon, mais vaniteux, qui se croit un Lion redoutable. La Vanité est comme ces miroirs concaves qui grossissent nos traits et nous donnent des statures de géants. Combien de petits enfants tout mignons qui se croient de grands personnages! La vanité les rend aussi dupes que sots.

1. Un de ces petits chiens, qui ressemblent au lion et en portent le nom, parce qu'ils ont le poil long de la tête au dos, et le poil ras du dos à la queue. Leur petitesse en fait des objets d'amusement.
2. « O maison chérie! » Expression figurée et familière. Les PÉNATES étaient chez les anciens les dieux protecteurs de la maison.
3. Le chien barbet est très-intelligent. On l'appelle aussi chien caniche ou canard, parce qu'il aime beaucoup l'eau.
4. L'édit qui chasse les lions!

FABLE VI.

LE LÉOPARD ET L'ÉCUREUIL.

Un écureuil [1] sautant, gambadant sur un chêne,
Manqua sa branche [2] et vint, par un triste hasard,
    Tomber sur un vieux léopard
    Qui faisait sa méridienne [3].
Vous jugez s'il eut peur! En sursaut s'éveillant,
    L'animal irrité se dresse ;
    Et l'écureuil, s'agenouillant,
Tremble, et se fait petit aux pieds de son altesse [4].
    Après l'avoir considéré,
Le léopard lui dit : Je te donne la vie,
Mais à condition que de toi je saurai
Pourquoi cette gaieté, ce bonheur que j'envie,
Embellissent tes jours, ne te quittent jamais,
    Tandis que moi, roi des forêts [5],
    Je suis si triste et je m'ennuie.
    Sire, lui répond l'écureuil,
    Je dois à votre bon accueil
    La vérité : mais, pour la dire,
Sur cet arbre un peu haut je voudrais être assis.
    — Soit, j'y consens : monte [6]. — J'y suis.
    A présent, je peux vous instruire.
    Mon grand secret pour être heureux,
    C'est de vivre dans l'innocence :

1. Tout le monde connaît ce gracieux petit animal au corps svelte, à la queue longue et touffue qu'il relève comme un panache.
2. « La branche qu'il voulait atteindre en sautant. »
3. « Qui dormait après avoir mangé. » Le mot MÉRIDIENNE vient d'un mot latin *meridies*, qui signifie *midi*, parce que c'est à ce moment de la journée que bien des gens ont l'habitude de dormir.
4. « Aux pieds du léopard. » Voyez la fable I du livre III. Le titre d'ALTESSE se donne aux princes.
5. En l'absence du lion, le léopard règne dans les forêts.
6. Le léopard a bien dîné sans doute; sans cela il n'épargnerait pas plus le gentil écureuil que le chat n'épargne la souris.

L'ignorance du mal fait toute ma science ;
Mon cœur est toujours pur, cela rend bien joyeux.
Vous ne connaissez pas la volupté suprême [1]
De dormir sans remords ; vous mangez les chevreuils,
Tandis que je partage à tous les écureuils
Mes feuilles et mes fruits ; vous haïssez, et j'aime :
Tout est dans ces deux mots. Soyez bien convaincu
De cette vérité que je tiens de mon père :
Lorsque notre bonheur nous vient de la vertu,
La gaîté vient bientôt de notre caractère.

Merci, charmant Ecureuil, de la leçon que tu donnes au vieux Léopard. Cette leçon vaut bien la grâce qu'il t'a faite de ne pas te dévorer. J'admire ton esprit, ta prudence ; tu te mets d'abord en sûreté, et du haut de ta branche tu peux nous instruire. Ta morale est vraie ; tu vis heureux parce que tu vis innocent ; ton cœur est pur ; tu dors avec délices, parce que tu dors sans remords : tu te fais aimer des autres écureuils par ta générosité, tu les aimes et leur bonheur augmente le tien ; aussi ton exemple nous fera-t-il aimer tes paroles et les mettre en pratique.

FABLE VII.

LE CROCODILE [2] ET L'ESTURGEON [3].

Sur la rive du Nil, un jour deux beaux enfants
    S'amusaient à faire sur l'onde,
Avec des cailloux plats, ronds, légers et tranchants,
    Les plus beaux ricochets du monde.
Un crocodile affreux arrive entre deux eaux,
S'élance tout à coup, happe l'un des marmots,

1. « Le suave plaisir. »
2. Le CROCODILE est un reptile gigantesque qui a la forme du lézard et qui habite tous les fleuves d'Egypte, mais surtout le Nil. Caché parmi les joncs du rivage, il guette les imprudents, les entraîne et les dévore au fond des eaux.
3. L'ESTURGEON est un poisson aussi grand que le crocodile ; mais il a des habitudes douces et des inclinations paisibles. Il habite les mers et les plus grands fleuves de l'Europe.

Qui crie, et disparaît dans sa gueule profonde.
L'autre fuit, en pleurant son pauvre compagnon.
    Un honnête et digne esturgeon,
    Témoin de cette tragédie[1],
S'éloigne avec horreur, se cache au fond des flots ;
Mais bientôt il entend le coupable amphibie[2]
    Gémir et pousser des sanglots.
Le monstre a des remords, dit-il, ô Providence!
    Tu venges souvent l'innocence ;
    Pourquoi ne la sauves-tu pas ?
Ce scélérat du moins pleure ses attentats ;
    L'instant est propice, je pense,
    Pour lui prêcher la pénitence :
Je m'en vais lui parler. Plein de compassion,
    Notre saint homme d'esturgeon
    Vers le crocodile s'avance :
Pleurez, lui cria-t-il, pleurez votre forfait ;
    Livrez votre âme impitoyable
Au remords, qui des dieux est le dernier bienfait,
Le seul médiateur entre eux et le coupable[2].
    Malheureux, manger un enfant!
Mon cœur en a frémi ; j'entends gémir le vôtre... —
Oui, répond l'assassin, je pleure en ce moment
    De regret d'avoir manqué l'autre.
    Tel est le remords du méchant.

L'horrible Crocodile de cette fable est un coupable endurci
au crime ; son âme n'est pas même sujette au *remords*, ce
dernier bienfait des dieux. Loin de regretter le meurtre qu'il
a commis, il voudrait en commettre un second , *il pleure* de
n'avoir point dévoré l'autre enfant ! Un tel endurcissement
est rare, heureusement. La pensée seule d'une pareille cruauté
fait frémir.

1. On appelle ordinairement TRAGÉDIE une pièce de théâtre, qui
se termine par un événement funeste. La mort du petit enfant est un
événement *tragique*, c'est-à-dire funeste, malheureux.
2. « Le coupable crocodile. » Un AMPHIBIE est un animal qui vit
également sur la terre et dans l'eau.

FABLE VIII.

LA CHENILLE.

Un jour, causant entre eux, différents animaux
    Louaient beaucoup le ver à soie [1] :
Quel talent, disaient-ils, cet insecte déploie
En composant ces fils si doux, si fins, si beaux,
    Qui de l'homme font la richesse!
Tous vantaient son travail, exaltaient son adresse [2].
Une chenille seule y trouvait des défauts,
Aux animaux surpris en faisait la critique;
    Disait des mais et puis des si [3],
Un renard s'écria : Messieurs, cela s'explique [4] :
    C'est que madame file aussi.

La Chenille est envieuse, elle ne peut pas entendre sans en éprouver un vif dépit les louanges que les animaux donnent au Ver à soie. Elle souffre de n'être pas admirée comme son concurrent. Aussi lui trouve-t-elle des défauts. Comme le fait remarquer le Renard, c'est que Madame file aussi. Elle entendrait volontiers louer le chant du Rossignol, la beauté du Paon, la force du Lion, l'esprit du Renard, mais l'habileté du Ver à soie, non! c'est qu'elle-même se croit très-habile dans la même industrie. Il en est ainsi chez les hommes : les musiciens critiquent les musiciens, les peintres critiquent les peintres. Vous avez déjà entendu des jeunes gens critiquer les vers de nos grands poëtes; n'en soyez pas surpris, mes amis, cela s'explique : c'est que ces messieurs font aussi des vers!

1. Le ver à soie est un ver qui change plusieurs fois de forme, et qui se bâtit, avant de devenir *papillon*, une *coque* ou maison ovale formée de fils gommeux, qui lui sortent de la bouche. L'industrie s'empare de ces fils pour en faire les tissus les plus riches et les plus variés.
2. « Vantaient son adresse. »
3. Quand un des animaux admirant le ver à soie disait : « Quel insecte industrieux! » la chenille répondait : « *Mais* c'est un ver d'une couleur insignifiante.... *Si* j'étais à sa place, j'en ferais autant, et je réussirais mieux, etc., etc. »
4. « Voici la cause des critiques de la chenille. »

FABLE IX.

LA GUÊPE ET L'ABEILLE.

DANS le calice d'une fleur[1]
La guêpe un jour voyant l'abeille,
S'approche en l'appelant sa sœur.
Ce nom sonne mal à l'oreille
De l'insecte plein de fierté,
Qui lui répond : Nous, sœurs! Ma mie[2],
Depuis quand cette parenté? —
Mais c'est depuis toute la vie,
Lui dit la guêpe avec courroux.
Considérez-moi, je vous prie :
J'ai des ailes tout comme vous,
Même taille, même corsage ;
Et, s'il vous en faut davantage,
Nos dards sont aussi ressemblants[3]. —
Il est vrai, répliqua l'abeille :
Nous avons une arme pareille,
Mais pour des emplois différents ;
La vôtre sert votre insolence,
La mienne repousse l'offense :
Vous provoquez, je me défends.

L'Abeille est un insecte utile, la Guêpe est un insecte nui-
sible. La première a bien raison de décliner toute parenté
avec la seconde. Elle lui fait admirablement comprendre la
différence qui existe entre leurs manières d'agir. Elle aurait
pu ajouter : j'extrais des fleurs le miel dont je me nourris et
dont je nourris les hommes ; vous ne vivez que de vols, vous
dévorez les fruits que l'homme préfère ; vous vous détruisez
les unes les autres! Je ne fais point société avec vous. .

1. Le CALICE d'une fleur est son enveloppe externe : il est ordinairement vert.
2. « Mon amie. » Terme de familiarité.
3. La guêpe ressemble beaucoup, en effet, à l'abeille ; le *guêpier*
présente le même ordre que la *ruche*.

Repoussons, à l'exemple de l'Abeille, toute solidarité avec les paresseux, avec les méchants. Imitons-la dans son amour du travail, et nous serons aimés comme elle, tandis que la Guêpe sera toujours un objet de mépris et d'horreur.

FABLE X.

LE HÉRISSON[1] ET LES LAPINS.

Il est certains esprits d'un naturel hargneux[2]
    Qui toujours ont besoin de guerre;
    Ils aiment à piquer, se plaisent à déplaire,
Et montrent pour cela des talents merveilleux.
    Quant à moi, je les fuis sans cesse,
Eussent-ils tous les dons et tous les attributs[3];
J'y veux de l'indulgence ou de la politesse;
    C'est la parure des vertus.
    Un hérisson qu'une tracasserie
    Avait forcé de quitter sa patrie[4],
      Dans un grand terrier de lapins
      Vint porter sa misanthropie[5].
    Il leur conta ses longs chagrins,
Contre ses ennemis exhala bien sa bile[6].
Et finit par prier les hôtes souterrains[7]
    De vouloir lui donner asile.

1. Le HÉRISSON est un petit animal, dont les poils, sauf au ventre, sont convertis en épines qui se *hérissent;* d'où lui vient son nom.
2. « D'un caractère chagrin, querelleur. »
3. « Et toutes les qualités. » Tout ce qui peut être *attribué,* accordé à l'homme.
4. « Son trou. » Les hérissons se cachent dans des trous au milieu des bois. Celui-ci avait été sans doute chassé par un voisin tracassier.
5. « Sa mauvaise humeur. » MISANTHROPIE est formée de deux mots grecs, qui signifient *haine* pour les *hommes.*
6. La BILE est l'humeur qui se forme dans le foie; *exhaler sa bile contre un ennemi,* c'est exprimer hautement les motifs de mécontentement que l'on éprouve à son égard.
7. « Les lapins. » Périphrase.

Volontiers, lui dit le doyen [1];
Nous sommes bonnes gens, nous vivons comme frères,
Et nous ne connaissons ni le tien ni le mien ;
Tout est commun ici : nos plus grandes affaires
       Sont d'aller, dès l'aube du jour,
Brouter le serpolet [2], jouer sur l'herbe tendre.
Chacun, pendant ce temps, sentinelle à son tour,
Veille sur le chasseur qui voudrait nous surprendre ;
S'il l'aperçoit, il frappe, et nous voilà blottis [3].
       Avec nos femmes, nos petits,
       Dans la gaîté, dans la concorde,
Nous passons les instants que le ciel nous accorde.
       Souvent ils sont prompts à finir ;
Les panneaux [4], les furets [5] abrègent notre vie :
       Raison de plus pour en jouir.
Du moins, par l'amitié, les jeux et le plaisir,
Autant qu'elle a duré, nous l'avons embellie :
       Telle est notre philosophie [6];
Si cela vous convient, demeurez avec nous,
       Et soyez de la colonie [7];
Sinon, faites l'honneur à notre compagnie
D'accepter à dîner, puis retournez chez vous.
       A ce discours plein de sagesse,
Le hérisson repart [8] qu'il sera trop heureux
       De passer ses jours avec eux.
       Alors chaque lapin s'empresse
       D'imiter l'honnête doyen,

1. « Le plus vieux des lapins, le chef. »
2. Le serpolet est une plante aromatique chère aux lapins.
3. « Cachés. » Voyez page 43, note 2.
4. Panneaux veut dire ici : filets, piéges. On dit familièrement donner dans le panneau.
5. Voyez page 133, note 8.
6. « Telle est notre manière de penser et d'agir. »
7. « Et faites partie de notre État. »
8. « Répond. »

Et de lui faire politesse[1].
Jusques au soir tout alla bien.
Mais lorsqu'après souper la troupe réunie
Se mit à deviser[2] des affaires du temps,
    Le hérisson, de ses piquants
Blesse un jeune lapin. — Doucement, je vous prie,
    Lui dit le père de l'enfant.
    Le hérisson, se retournant,
En pique deux, puis trois, et puis un quatrième.
On murmure, on se fâche, on l'entoure en grondant.
Messieurs, s'écria-t-il, mon regret est extrême[3];
Il faut me le passer, je suis ainsi bâti,
    Et je ne puis pas me refondre.
Ma foi, dit le doyen, en ce cas, mon ami,
    Tu peux aller te faire tondre.

Le Hérisson est ici l'emblème de ces gens d'un caractère *hargneux*, qui s'irritent de tout, et ne font rien pour plaire aux autres. Au contraire, *ils se plaisent à déplaire*, selon l'expression vive et juste de l'auteur; ils ne se font aucun scrupule de *piquer* celui-ci, celui-là. Leur parole blessante, leurs aigres murmures n'épargnent personne. Si l'on se fâche contre eux : Que voulez-vous? disent-ils, *nous sommes ainsi bâtis!* — C'est grand'pitié qu'ils ne veuillent pas se corriger d'un pareil défaut; il leur serait facile de se rendre aimables. S'ils ne le deviennent pas, on fera bien de les envoyer *se faire tondre*, c'est-à-dire de rompre toute société avec eux, jusqu'à ce qu'ils aient changé de caractère.

Cette fable offre aussi un tableau enchanteur de la vie des lapins en société. Florian, par la bouche du sage Doyen, s'est plu à développer ses idées sur le bonheur d'un État. Mais il a poussé les choses trop loin. La vie de l'homme ne peut pas être, comme celle des Lapins, une vie de plaisir; il a des affaires plus graves que d'aller, dès le matin, *jouer*

1. « Et de faire politesse *au hérisson*. » La phrase manque de correction.
2. « À parler. » DEVISER est un vieux mot qu'on emploie encore volontiers, surtout dans la poésie familière.
3. C'est par ironie que le hérisson parle de ses regrets; il n'en a point.

sur l'herbe tendre. Quant à la concorde, à la gaîté qui règnent chez eux, il est à désirer qu'elles règnent toujours chez nous. Qu'il est beau, le spectacle d'une maison d'éducation, où *tout est commun*, le travail et le plaisir ! Le roi David a chanté ce bonheur : « Voyez, s'écrie-t-il, comme il est bon, comme il est agréable de vivre comme des frères, et d'habiter en commun ! »

FABLE XI.

LE MILAN ET LE PIGEON.

Un milan [1] plumait un pigeon,
Et lui disait : Méchante bête,
Je te connais ; je sais l'aversion
Qu'ont pour moi tes pareils [2] ; te voilà ma conquête.
Il est des dieux vengeurs [3]. — Hélas ! je le voudrais,
Répondit le pigeon. — O comble des forfaits [4] !
S'écria le milan ; quoi ! ton audace impie
Ose douter qu'il soit des dieux ?
J'allais te pardonner ; mais, pour ce doute affreux
Scélérat, je te sacrifie.

Cette fable nous représente un méchant qui abuse de sa force pour opprimer un innocent. Sa conduite est si odieuse qu'il n'ose l'avouer. Il cherche à se donner l'apparence du bon droit. Ce n'est pas, dit-il, pour le plaisir de manger le

1. Le MILAN est un oiseau de proie, au bec long et crochu, aux ailes très-grandes. Il a de grossiers instincts, et attaque les petits animaux sans défense. Voyez les notes de la fable III.
2. « Je sais que tous les pigeons me haïssent. »
3. Les fabulistes ont adopté dans le langage des animaux la manière de parler des anciens, qui croyaient à l'existence de plusieurs dieux, ayant chacun des attributs particuliers. En disant : « Il est des dieux vengeurs ! » le Milan veut faire entendre que c'est par une faveur spéciale des dieux qu'il va pouvoir se *venger* de l'*aversion* des pigeons.
4. Expression figurée pour : « O le plus grand des crimes ! » On appelle proprement COMBLE la partie la plus élevée d'un édifice, d'une meule de paille, ce qui tient au-dessus des bords d'une mesure.

Pigeon qu'il le plume; c'est parce que le Pigeon a osé le haïr, et douter de l'existence des Dieux ! Il l'injurie, il l'appelle *méchant, scélérat,* il le *sacrifie;* c'est-à-dire il le tue.

Comparez le *Milan* de Florian au *Loup* de La Fontaine. Leur langage et leur conduite sont les mêmes. Le Loup dit aussi :

> ..... C'est donc *quelqu'un des tiens,*
> Car vous ne m'épargnez guères,
> Vous, vos bergers, et vos chiens.
> On me l'a dit : il faut que je me venge.
> (Livre I, fable X, Ed. BELIN, page 14.)

Le Milan a aussi pour lui *la raison du plus fort,* qui n'est pas la meilleure en droit, ni la plus juste, mais qui prévaut toujours chez les méchants.

FABLE XII.

LE CHIEN COUPABLE.

MON frère, sais-tu la nouvelle?
Mouflar, le bon Mouflar, de nos chiens le modèle,
Si redouté des loups, si soumis au berger,
        Mouflar vient, dit-on, de manger
Le petit agneau noir, puis la brebis sa mère,
Et puis sur le berger s'est jeté furieux. —
        Serait-il vrai ? — Très-vrai, mon frère. —
        A qui donc se fier, grands dieux [1]!
C'est ainsi que parlaient deux moutons dans la
        Et la nouvelle était certaine.   [plaine,
        Mouflar, sur le fait même pris [2],
        N'attendait plus que le supplice ;
Et le fermier voulait qu'une prompte justice
        Effrayât les chiens du pays.
    La procédure en un jour est finie.
Mille témoins pour un déposent l'attentat [3] :

---

1. Voyez la note 3 de la fable précédente.
2. « Pris au moment même où il commettait le crime. »
3. Expression incorrecte; il eût fallu : déposent *de* l'attentat.

Récolés, confrontés[1], aucun d'eux ne varie;
Mouflar est convaincu du triple assassinat :
Mouflar recevra donc deux balles dans la tête,
    Sur le lieu même du délit.
    A son supplice qui s'apprête
    Toute la ferme se rendit.
Les agneaux de Mouflar demandèrent la grâce[2];
Elle fut refusée. On leur fit prendre place :
    Les chiens se rangèrent près d'eux,
Tristes, humiliés, mornes, l'oreille basse,
Plaignant sans l'excuser leur frère malheureux.
Tout le monde attendait dans un profond silence.
Mouflar paraît bientôt, conduit par deux pasteurs;
Il arrive; et, levant au ciel ses yeux en pleurs,
    Il harangue ainsi l'assistance :
O vous qu'en ce moment je n'ose et je ne puis
Nommer, comme autrefois, mes frères, mes amis,
    Témoins de mon heure dernière,
Voyez où peut conduire un coupable désir!
De la vertu quinze ans j'ai suivi la carrière[3];
    Un faux pas m'en a fait sortir.
Apprenez mes forfaits. Au lever de l'aurore,
Seul, auprès du grand bois, je gardais le troupeau :
    Un loup vient, emporte un agneau,
    Et tout en fuyant le dévore.
Je cours, j'atteins le loup, qui, laissant son festin,
    Vient m'attaquer; je le terrasse,
    Et je l'étrangle sur la place.
C'était bien jusque-là; mais, pressé par la faim,
De l'agneau dévoré je regarde le reste;
J'hésite, je balance..... A la fin, cependant,

1. RÉCOLER des témoins, c'est lire devant eux leurs *dépositions*, pour savoir s'ils y persistent. Les CONFRONTER, c'est les présenter à l'accusé et les interroger en présence les uns des autres.
2. « Les agneaux demandèrent la grâce de Mouflar. » Inversion.
3. « J'ai été quinze ans vertueux. » Expression figurée.

J'y porte une coupable dent :
Voilà de mes malheurs l'origine funeste.
La brebis vient dans cet instant,
Elle jette des cris de mère...
La tête m'a tourné, j'ai craint que la brebis
Ne m'accusât d'avoir assassiné son fils ;
Et, pour la forcer à se taire,
Je l'égorge dans ma colère.
Le berger accourait, armé de son bâton.
N'espérant plus aucun pardon,
Je me jette sur lui : mais bientôt on m'enchaîne,
Et me voici prêt à subir
Des mes crimes la juste peine.
Apprenez tous du moins, en me voyant mourir,
Que la plus légère injustice
Aux forfaits les plus grands peut conduire d'abord ;
Et que, dans le chemin du vice,
On est au fond du précipice,
Dès qu'on met un pied sur le bord.

Celui qui se laisse aller à commettre une faute légère en commettra bientôt de plus grandes. L'exemple du pauvre Mouflar est de nature à effrayer non-seulement les Agneaux et les Chiens, mais tous les hommes dont ces animaux sont l'emblème. Mouflar n'avait fait que goûter à une viande qui ne lui appartenait pas ; pour cacher cette faute, il égorge les Brebis, il attaque le berger. Des assassins qui ont porté leur tête sur l'échafaud, avouaient, avant de mourir, que *de légères fautes les avaient conduits* aux plus grands crimes. Méditons les paroles du Chien coupable, et suivons avec précaution *la carrière* de la vertu. Un léger faux pas nous en ferait sortir, et nous tomberions au fond de l'abîme qui borde le chemin du vice. Résistons à toute pensée mauvaise, et si parfois on nous conseille de commettre une faute sous prétexte qu'elle est légère, nous répondrons en racontant la mort du bon Mouflar :

Voyez où peut conduire un coupable désir.

FABLE XIII.

L'AIGLE ET LE HIBOU.

A M. Ducis[1].

L'OISEAU qui porte le tonnerre,
Disgracié, banni du céleste séjour[2]
   Par une cabale de cour[3],
   S'en vint habiter sur la terre :
Il errait dans les bois[4], songeant à son malheur,
   Triste, dégoûté de la vie,
   Malade de la maladie
   Que laisse après soi la grandeur[5];
   Un vieux hibou, du creux d'un hêtre,
L'entend gémir, se met à sa fenêtre[6],
Et lui prouve bientôt que la félicité
Consiste dans trois points : travail, paix et santé.
   L'aigle est touché de ce langage.
Mon frère, répond-il (les aigles sont polis
Lorsqu'ils sont malheureux)[7], que je vous trouve
Combien votre raison, vos excellents avis   [sage!
M'inspirent le désir de vous voir davantage,
   De vous imiter, si je puis!

1. Ducis, poëte tragique, était de 22 ans plus âgé que Florian; il mourut en 1816.
2. L'aigle était consacré à Jupiter. On le représentait portant les foudres du roi des dieux. Le mont Olympe, en *Thessalie*, était le *séjour céleste*. Les anciens le trouvaient si élevé qu'ils employaient son nom comme synonyme de *ciel*.
3. « Par des complots, des intrigues de cour. »
4. Les aigles vivent ordinairement dans les rochers les plus sauvages et les plus escarpés.
5. « Je ne connais pas de plus grande douleur, » a dit un poëte italien, DANTE, « que de se souvenir du bonheur passé, quand on est malheureux. »
6. Charmante expression pour peindre le trou du hêtre, où le hibou a fait son nid.
7. C'est, en effet, un terme de politesse que celui de FRÈRE donné par un aigle à un hibou. Le malheur rapproche les distances.

Minerve, en vous plaçant sur sa tête divine,
  Connaissait bien tout votre prix[1];
  C'est avec elle, j'imagine,
  Que vous en avez tant appris. —
Non, répond le hibou, j'ai bien peu de science;
Mais je sais me suffire, et j'aime le silence,
L'obscurité surtout[2]. Qand je vois des oiseaux
Se disputer entre eux la force, le courage,
Ou la beauté du chant, ou celle du plumage,
Je ne me mêle point parmi tant de rivaux,
  Et me tiens dans mon ermitage.
Si, malheureusement, le matin, dans le bois,
Quelque étourneau[3] bavard, quelque méchante pie
M'aperçoit, aussitôt leurs glapissantes voix
Appellent de partout une troupe étourdie,
  Qui me poursuit et m'injurie[4].
Je souffre, je me tais; et dans ce chamaillis[5],
  Seul, de sang-froid et sans colère,
M'esquivant doucement de taillis en taillis,
Je regagne à la fin ma retraite si chère.
Là, solitaire et libre, oubliant tous mes maux,
Je laisse les soucis, les craintes à la porte;
Voilà tout mon savoir : *Je m'abstiens, je supporte;*
  La sagesse est dans ces deux mots[6].
Tu me l'as dit cent fois, cher Ducis; tes ouvrages,

---

1. MINERVE, fille de Jupiter, et déesse de la Sagesse, avait choisi le hibou pour oiseau favori. Voyez les notes de la fable XIII, liv. III.
2. L'œil du hibou ne peut supporter l'éclat du jour.
3. L'ÉTOURNEAU, vulgairement appelé *sansonnet*, a le plumage noir, les pieds bruns et le bec jaune; c'est ici l'emblème d'un jeune homme prétentieux.
4. Les plus petits oiseaux osent attaquer le hibou pendant le jour. Les mésanges, les rouges-gorges et d'autres moineaux viennent en foule l'assaillir, au moment où la lumière, dont ses yeux sont blessés, l'a surpris loin de son nid, de son *ermitage*.
5. Vieux mot populaire pour indiquer une *mêlée*, ou l'on se *chamaille*.
6. La morale, dont le hibou fait ici profession, est toute de résignation. — C'était la morale d'Épictète, philosophe grec, qui vécut

Tes beaux vers, tes nombreux succès !
Ne sont rien à tes yeux auprès de cette paix
   Que l'innocence donne aux sages.
Quand, de l'Eschyle anglais heureux imitateur [2],
   Je te vois, d'une main hardie,
   Porter sur la scène agrandie
Les crimes de Macbeth, de Lear le malheur [3],
La gloire est un besoin pour ton âme attendrie,
Mais elle est un fardeau pour ton sensible cœur.
Seul, au fond d'un désert, au bord d'une onde pure,
Tu ne veux que ta lyre, un saule et la nature [4] :
   Le vain désir d'être oublié [5]
   T'occupe et te charme sans cesse ;
   Ah ! souffre au moins que l'amitié
   Trompe en ce seul point ta sagesse !

Ducis, à qui cette fable est adressée, trouvait en effet que la gloire est un fardeau. Le succès de ses tragédies shaks-peariennes avait fait de lui un homme célèbre ; mais en cherchant le bonheur dans la paix, *que l'innocence donne aux sages*, dans les affections domestiques et *l'amitié*, il repoussa les faveurs de la fortune et du pouvoir. Ses œuvres forment quatre volumes et renferment outre ses tragédies, d'autres poésies et des lettres, épanchements nobles et naïfs d'un poète qui fut à la fois un homme de cœur et un homme de bien.

sous Néron et Adrien, à Rome. Toute sa philosophie, comme nous le voyons ici, se résumait dans ces deux mots : *abstiens-toi et supporte !*

1. Les tragédies de Ducis eurent à la fin du XVIIIe siècle un succès qui tint du prodige.

2. La lecture des œuvres de *Shakespeare* (prononcez : *Chespire*), que Florian nomme ici l'*Eschyle anglais* (ESCHYLE est un des grands poètes tragiques de la Grèce), détermina Ducis à traduire en vers français les tragédies du poète anglais.

3. MACBETH et LEAR (prononcez : *Macbes* et *Lir*) sont des titres de tragédies de Shakespeare, imitées par Ducis.

4. « Tu ne veux que composer des vers, assis au pied d'un arbre, en contemplant la nature. »

5. « C'est en *vain* que tu désires être oublié. »

FABLE XIV.

LE POISSON VOLANT.

CERTAIN poisson volant [1], mécontent de son sort,
    Disait à sa vieille grand'mère :
    Je ne sais comment je dois faire
    Pour me préserver de la mort.
De nos aigles marins je redoute la serre [2]
    Quand je m'élève dans les airs,
    Et les requins [3] me font la guerre
    Quand je me plonge au fond des mers.
La vieille lui répond : Mon enfant, dans ce monde,
    Lorsqu'on n'est pas aigle ou requin,
Il faut tout doucement suivre un petit chemin,
En nageant près de l'air et volant près de l'onde [4].

La vieille a raison : le bonheur est dans un juste milieu ;
la sécurité est à égale distance dans les extrêmes. Lorsqu'on
n'est pas roi des airs ou des mers, il faut nager près de l'air,
et voler près de l'onde. On évitera ainsi tous les dangers ;
on suivra sans bruit le petit chemin emblème *d'une vie heureuse* et calme.

1. Le *poisson-volant* a les nageoires très-développées. Le choc de
ces nageoires avec les eaux est assez prompt et assez énergique pour
envoyer l'animal à distance. On dit alors de ce poisson qu'il *vole,*
bien qu'il serait plus rigoureux de dire qu'il saute.
2. Je redoute la serre, ou plutôt *les serres* des grands oiseaux qui
vivent de poissons. On appelle SERRES les pattes des oiseaux de proie.
3. Le REQUIN est un poisson redoutable, qui a jusqu'à dix mètres
de longueur. D'une insatiable voracité, il enfouit dans sa gueule
immense, sans la mâcher, sa proie vivante. Il est la terreur des mers.
4. Pour éviter les aigles et les requins.

ÉPILOGUE [1].

C'EST assez, suspendons ma lyre [2],
Terminons ici mes travaux :
Sur nos vices, sur nos défauts,
J'aurais encor beaucoup à dire ;
Mais un autre le dira mieux.
Malgré ses efforts plus heureux,
L'orgueil, l'intérêt, la folie,
Troubleront toujours l'univers ;
Vainement la philosophie
Reproche à l'homme ses travers,
Elle y perd sa prose et ses vers [3].
Laissons, laissons aller le monde
Comme il lui plaît, comme il l'entend ;
Vivons caché, libre et content,
Dans une retraite profonde [4].
Là, que faut-il pour le bonheur ?
La paix, la douce paix du cœur,
Le désir vrai qu'on nous oublie,
Le travail qui sait éloigner
Tous les fléaux de notre vie ;
Assez de bien pour en donner,
Et pas assez pour faire envie.

Tels sont les vœux du poëte. Il nous a déjà prouvé que *la félicité consiste dans trois points : travail, paix et santé*. Il demande en terminant *assez de bien pour en donner et pas assez pour faire envie*. Rien n'est plus doux en effet que de donner et rien n'est plus consolant que de ne point exciter l'envie. On fait des heureux ; on jouit de cette paix du cœur, qui est la félicité suprême, car elle récompense l'innocence et le travail.

1. Mot grec qui signifie : *conclusion*.
2. « Cessons de composer des vers. »
3. « Les philosophes et les poëtes perdent leur temps à vouloir changer le monde. »
4. Le hibou disait, fable XIII :
        Je regagne à la fin ma retraite si chère.

RUTH [1],

ÉGLOGUE TIRÉE DE L'ÉCRITURE SAINTE [2].

Couronnée par l'Académie française en 1784 [3].

———

A S. A. S. [4] MONSEIGNEUR LE DUC DE PENTHIÈVRE [5].

LE plus saint des devoirs, celui qu'en traits de
La nature a gravé dans le fond de notre âme, [flamme
C'est de chérir l'objet qui nous donna le jour [6].
Qu'il est doux à remplir ce précepte d'amour !
Voyez ce faible enfant que le trépas menace [7];
Il ne sent plus ses maux quand sa mère l'embrasse :
Dans l'âge des erreurs [8], ce jeune homme fougueux
N'a qu'elle pour ami dès qu'il est malheureux:
Ce vieillard qui va perdre un reste de lumière [9]

1. RUTH veut dire rassasiée. Nous donnerons autant que possible
la signification des noms hébreux.
2. L'ÉCRITURE SAINTE ou la BIBLE renferme l'*Ancien* et le *Nouveau Testament*. Le livre de *Ruth* fait partie de l'Ancien Testament.
Le récit comprend quatre chapitres formant 85 versets. C'est saint
Jérôme qui, au IVe siècle, a traduit toute la Bible en latin.
3. L'Académie française, fondée par le cardinal de Richelieu,
compte 40 membres. Elle travaille à perfectionner la langue, et dé-
cerne dans ce but des prix et des couronnes aux auteurs qui écrivent
le mieux. Florian a été couronné deux fois. Il fut élu membre de
l'Académie en 1788.
4. « A SON ALTESSE SEIGNEURIALE. » Abréviations d'usage.
5. Florian avait été reçu dès l'âge de 13 ans parmi les pages du
duc de Penthièvre. Ce seigneur, aussi pieux que brave, et généreux
au delà de toute expression, s'était acquis une telle popularité, que
même au milieu des excès révolutionnaires, il vécut tranquille et
respecté. Une partie de ses immenses revenus était distribuée en aumônes et destinée à fonder des établissements d'utilité publique. Il
mourut en 1793.
6. « C'est de chérir notre mère. »
7. « Qui est menacé de mourir. »
8. Beaucoup de jeunes gens s'imaginent trouver le bonheur dans
les plaisirs coupables, mais ils se trompent étrangement ; c'est pour
cela que le poète appelle leur âge, l'*âge des erreurs*.
9. « Qui va fermer les yeux et mourir. »

Retrouve encor des pleurs en parlant de sa mère.
Bienfait du Créateur, qui daigna nous choisir
Pour première vertu notre plus doux plaisir !
Il fit plus : il voulut qu'une amitié si pure
Fût un bien de l'amour comme de la nature,
Et que les nœuds d'hymen, en doublant nos parents,
Vinssent multiplier nos plus chers sentiments [1].
C'est ainsi que, de Ruth récompensant le zèle,
De ce pieux respect Dieu nous donne un modèle.
    Lorsqu'autrefois un juge [2], au nom de l'Eternel,
Gouvernait dans Maspha [3] les tribus d'Israël,
Du coupable Juda Dieu permit la ruine [4].
Des murs de Bethléem [5] chassés par la famine,
Noémi [6], son époux, deux fils de leur amour,
Dans les champs de Moab vont fixer leur séjour [7].
Bientôt de Noémi les fils n'ont plus de père [8] :
Chacun d'eux prit pour femme une jeune étrangère,
Et la mort les frappa. La triste Noémi,
Sans époux, sans enfants, chez un peuple ennemi,
Tourne ses yeux en pleurs vers sa chère patrie,
Et prononce en partant, d'une voix attendrie,
Ces mots qu'elle adressait aux veuves de ses fils :
    « Ruth, Orpha, c'en est fait, mes beaux jours sont [finis,
Je retourne en Juda mourir où je suis née.

1. « Par un double bienfait, Dieu veut que nous aimions d'un
même amour notre père et notre mère, de même que notre père et
notre mère se réunissent pour nous aimer.
    2. Environ 1300 ans avant la naissance de J.-C. Vous avez vu
dans l'Histoire sainte que, pour délivrer son peuple de la servitude,
Dieu suscitait des hommes qu'on appelait *Juges*, et qui gouvernaient
au nom de l'Eternel. L'histoire de Ruth eut lieu sous le gouvernement du juge Thola.
    3. MASPHA, c'est-à-dire *lieu élevé*, est une ville de Palestine.
    4. Dieu permit la ruine des coupables Hébreux descendants de Juda.
    5. BETHLÉEM, c'est-à-dire *maison du pain*, ville de la tribu de Juda.
    6. NOÉMI, c'est-à-dire *belle*. Son mari s'appelait ELIMÉLECH,
c'est-à-dire *Dieu mon roi*.
    7. MOAB, c'est-à-dire *paternel*, ville des Moabites, voisins et sou-
vent ennemis des Hébreux.
    8. « Bientôt Elimelech meurt. »

Mon Dieu n'a pas voulu bénir votre hyménée :
Que mon Dieu soit béni [1] ! Je vous rends votre foi.
Puissiez-vous être un jour plus heureuses que moi!
Votre bonheur rendrait ma peine moins amère. »
Adieu : n'oubliez pas que je fus votre mère.

Elle les presse alors sur son cœur palpitant.
Orpha baisse les yeux, et pleure en la quittant.
Ruth demeure avec elle : Ah! laissez-moi vous suivre !
Partout où vous vivrez, Ruth près de vous doit vivre ;
N'êtes-vous pas ma mère en tout temps, en tout lieu?
Votre peuple est mon peuple, et votre Dieu mon Dieu.
La terre où vous mourrez verra finir ma vie;
Ruth dans votre tombeau veut être ensevelie :
Jusque-là vous servir sera mes plus doux soins;
Nous souffrirons ensemble, et nous souffrirons moins [2].

Elle dit. C'est en vain que Noémi la presse
De ne point se charger de sa triste vieillesse;
Ruth, toujours si docile à son moindre désir,
Pour la première fois refuse d'obéir.
Sa main de Noémi saisit la main tremblante,
Elle guide et soutient sa marche défaillante,
Lui sourit, l'encourage, et, quittant ses climats [3],
De l'antique Jacob va chercher les États [4].

De son peuple chéri Dieu réparait les pertes :
Noémi de moissons voit les plaines couvertes.
Enfin, s'écria-t-elle en tombant à genoux,
Le bras de l'Éternel ne pèse plus sur nous :
Que ma reconnaissance à ses yeux se déploie!
Voici les premiers pleurs que je donne à la joie.

1. Ces paroles sont imitées de celles de Job : « Le Seigneur m'a-
vait tout donné ; le Seigneur m'a tout ôté : que sa volonté soit faite;
que le nom du Seigneur soit béni ! »
2. Il serait superflu d'insister sur la réponse de Ruth. Les enfants
en comprendront facilement la beauté.
3. « Et quittant son pays natal. »
4. Elle reconduit sa belle-mère en Palestine, dans la contrée an-
ciennement donnée par Dieu à Jacob, qu'il appela dès lors *Israël*.

Vous voyez Bethléem, ma fille : cet ormeau
De la tendre Rachel vous marque le tombeau [1].
Le front dans la poussière, adorons en silence
Du Dieu de mes aïeux la bonté, la puissance :
C'est ici qu'Abraham parlait à l'Éternel.
Ruth baise avec respect la terre d'Israël.

Bientôt de leur retour la nouvelle est semée.
A peine de ce bruit la ville est informée,
Que tous vers Noémi précipitent leurs pas.
Plus d'un vieillard surpris ne la reconnaît pas :
Quoi ! c'est là Noémi ? — Non, leur répondit-elle,
Ce n'est plus Noémi : ce nom veut dire belle ;
J'ai perdu ma beauté, mes fils et mon ami.
Nommez-moi malheureuse, et non pas Noémi [2].

Dans ce temps, de Juda les nombreuses familles
Recueillaient les épis tombant sous les faucilles [3] :
Ruth veut aller glaner. Le jour à peine luit,
Qu'aux champs du vieux Booz [4] le hasard la conduit ;
De Booz dont Juda respecte la sagesse,
Vertueux sans orgueil, indulgent sans faiblesse,
Et qui, des malheureux l'amour et le soutien,
Depuis quatre-vingts ans fait tous les jours du bien [5].

Ruth suivait dans son champ la dernière glaneuse :
Étrangère et timide, elle se trouve heureuse

1. RACHEL, fille de *Laban*, et femme de Jacob, en eut deux fils, *Joseph et Benjamin*. Elle mourut en donnant naissance à ce dernier, et fut enterrée sur le bord du chemin qui conduisait à Bethléem. Jacob lui éleva un tombeau de ses propres mains (Livre de la Genèse, ch. XXXV, v. 19 et 20).

2. Cette réponse est presque mot à mot traduite de la Bible : « Elles partirent ensemble et vinrent à Bethléem. La nouvelle de leur arrivée se répandit dans toute la tribu, et les femmes disaient : « Voilà donc Noémi ! » Celle-ci répondait : « Ne m'appelez plus Noémi ; ce nom veut dire *belle*. Appelez-moi *Mara*, c'est-à-dire *désolée* (Ruth, liv. I, 19 et 20).

3. « C'était l'époque de la moisson. » *On récoltait l'orge* (liv. I, v. 22).

4. Booz, c'est-à-dire *puissant*. Comme Noémi le dit plus tard, Booz était parent d'Élimelech.

5. Ce portrait est celui du duc de Penthièvre.

De ramasser l'épi qu'une autre a dédaigné.
Booz, qui l'aperçoit, vers elle est entraîné :
Ma fille, lui dit-il, glanez près des javelles;
Les pauvres ont des droits sur des moissons si belles.
Mais vers ces deux palmiers[1] suivez plutôt mes pas ;
Venez des moissonneurs partager le repas,
Le maître de ce champ par ma voix vous l'ordonne ;
Ce n'est que pour donner que le Seigneur nous donne[2].
Il dit : Ruth à genoux de pleurs baigne sa main.
Le vieillard la conduit au champêtre festin.
Les moissonneurs, charmés de ses traits, de sa grâce,
Veulent qu'au milieu d'eux elle prenne sa place ;
De leur pain, de leurs mets lui donnent la moitié :
Et Ruth, riche des dons que lui fait l'amitié,
Songeant que Noémi languit dans la misère,
Pleure, et garde son pain pour en nourrir sa mère.
    Bientôt elle se lève, et retourne aux sillons.
Booz parle à celui qui veillait aux moissons :
Fais tomber, lui dit-il, les épis autour d'elle,
Et prends garde surtout que rien ne te décèle :
Il faut que sans te voir elle pense glaner,
Tandis que par nos soins elle va moissonner.
Épargne à sa pudeur trop de reconnaissance,
Et gardons le secret de notre bienfaisance[3].
    Le zélé serviteur se presse d'obéir :
Partout aux yeux de Ruth un épi vient s'offrir :
Elle porte ses biens vers le toit solitaire
Où Noémi cachait ses pleurs et sa misère.
Elle arrive en chantant : Bénissons le Seigneur,
Dit-elle; de Booz il a touché le cœur.
A glaner dans son champ ce vieillard m'encourage ;

---

1. Les PALMIERS sont de beaux arbres qui ne vivent que dans les pays chauds. Voyez la note 1, page 39. Il y en avait beaucoup autrefois dans la Palestine.
2. Vers sublime que la charité peut prendre pour devise.
3. Quelle délicatesse dans l'exercice du bien !

Il dit que sa moisson du pauvre est l'héritage.
De son travail alors elle montre le fruit [1].
Oui, lui dit Noémi, l'Éternel vous conduit :
Il veut votre bonheur, n'en doutez point, ma fille,
Le vertueux Booz est de notre famille ;
Et nos lois.... Je ne puis vous expliquer ces mots.
Mais retournez demain dans le champ de Booz :
Il vous demandera quel sang vous a fait naître [2];
Répondez : Noémi vous le fera connaître,
La veuve de son fils embrasse vos genoux [3].
Tous mes desseins alors seront connus de vous.
Je n'en puis dire plus : soyez sûre d'avance
Que le sage Booz respecte l'innocence ;
Et que vous voir heureuse est mon plus cher désir.
Ruth embrasse sa mère, et promet d'obéir.
Bientôt un doux sommeil vient fermer sa paupière.

Le soleil n'avait pas commencé sa carrière [4],
Que Ruth est dans le champ. Les moissonneurs lassés
Dormaient près des épis autour d'eux dispersés [5]:
Le jour commence à naître, aucun ne se réveille.
Mais, aux premiers rayons de l'aurore vermeille,
Parmi ses serviteurs Ruth reconnaît Booz.
D'un paisible sommeil il goûtait le repos ;
Des gerbes soutenaient sa tête vénérable.
Ruth s'arrête : O vieillard, soutien du misérable,
Que l'ange du Seigneur garde tes cheveux blancs !
Dieu pour se faire aimer doit prolonger tes ans.

1. « Elle montre alors le fruit de son travail. » Le texte dit : « Elle
glana donc dans le champ de Booz jusqu'au soir. Frappant alors la
gerbe qu'elle avait amassée, elle en retira trois mesures d'orge et
les porta à sa belle-mère, avec les mets et les morceaux de pain
qu'elle lui avait gardés. »
2. « Il vous demandera quels sont vos parents. »
3. On dit au figuré : *je me jette à vos pieds*, pour : « Je vous
supplie d'exaucer ma prière ; » les anciens disaient dans le même
sens : « J'embrasse vos genoux. »
4. « Le soleil n'était pas levé. »
5. Dans les pays chauds il n'est pas rare de voir les hommes se
coucher et dormir la nuit en plein air.

Quelle sérénité se peint sur ton visage!
Comme ton cœur est pur, ton front est sans nuage.
Tu dors et tu parais méditer des bienfaits :
Un songe t'offre-t-il les heureux que tu fais?
Ah! s'il parle de moi, de ma tendresse extrême,
Crois-le ; ce songe, hélas! est la vérité même.

Le vieillard se réveille à des accents si doux.
Pardonnez, lui dit Ruth, j'osais prier pour vous ;
Mes vœux étaient dictés par la reconnaissance :
Chérir son bienfaiteur ne peut être une offense;
Un sentiment si pur doit-il se réprimer?
Non; ma mère me dit que je puis vous aimer.
De Noémi dans moi reconnaissez la fille.
Est-il vrai que Booz soit de notre famille?
Mon cœur et Noémi me l'assurent tous deux.

O ciel! répond Booz, ô jour trois fois heureux!
Vous êtes cette Ruth, cette aimable étrangère
Qui laissa son pays et ses dieux pour sa mère[1]!
Je suis de votre sang : et, selon notre loi,
Votre époux doit trouver un successeur en moi[2].
Mais puis-je réclamer ce noble et saint usage ?
Je crains que mes vieux ans n'effarouchent votre âge :
Au mien l'on aime encor, près de vous je le sens :
Mais peut-on jamais plaire avec des cheveux blancs?
Dissipez la frayeur dont mon âme est saisie :
Moïse ordonne en vain le bonheur de ma vie[3];
Si je suis heureux seul, ce n'est plus un bonheur.

Ah! que ne lisez-vous dans le fond de mon cœur?
Lui dit Ruth ; vous verriez que la loi de ma mère
Me devient en ce jour et plus douce et plus chère.
La rougeur, à ces mots, augmente ses attraits.

1. Les Moabites adoraient de faux dieux.
2. Telle était, en effet, la loi juive : Une veuve sans enfants avait le droit d'épouser le plus proche parent de son mari.
3. Moïse est le législateur des Juifs. C'est lui qui a écrit les cinq premiers livres de la Bible.

Booz tombe à ses pieds : Je vous donne à jamais
Et ma main et ma foi : le plus saint hyménée [1]
Aujourd'hui va m'unir à votre destinée.
A cette fête, hélas ! nous n'aurons pas l'amour :
Mais l'amitié suffit pour en faire un beau jour.
Et vous, Dieu de Jacob, seul maître de ma vie,
Je ne me plaindrai pas qu'elle me soit-ravie ;
Je ne veux que le temps et l'espoir, ô mon Dieu !
De laisser Ruth heureuse, en lui disant adieu.

Ruth le conduit alors dans les bras de sa mère.
Tous trois à l'Eternel adressent leur prière ;
Et le plus saint des nœuds en ce jour les unit.
Juda [2] s'en glorifie : et Dieu, qui les bénit,
Aux désirs de Booz permet que tout réponde.
Belle comme Rachel, comme Lia féconde [3],
Son épouse eut un fils ; et cet enfant si beau,
Des bienfaits du Seigneur est un gage nouveau ;
C'est l'aïeul de David [4]. Noémi le caresse ;
Elle ne peut quitter ce fils de sa tendresse,
Et dit, en le montrant sur son sein endormi :
Vous pouvez maintenant m'appeler Noémi.

De ma sensible Ruth, prince, acceptez l'hommage.
Il a fallu monter jusques au premier âge [5]
Pour trouver un mortel qu'on pût vous comparer.
En honorant Booz, j'ai cru vous honorer :
Vous avez sa vertu, sa douce bienfaisance ;
Vous moissonnez aussi pour nourrir l'indigence :
Pieux comme Booz, austère avec douceur,
Vous aimez les humains, et craignez le Seigneur [6].

1. « Le plus saint mariage. »
2. « Toute la tribu de Juda. »
3. « *féconde comme* LIA, » première femme de Jacob, et mère de
dix enfants.
4. Ruth eut un fils qu'on appela *Obed*; Obed fut père d'Isaï, et
Isaï fut père de David. (Ruth, liv. IV, v. 17 et 22.)
5. « Il a fallu reculer jusqu'au premier âge du monde. »
6. Nous avons déjà dit que le duc de Penthièvre était aussi brave

Hélas! un seul soutien manque à votre famille [1];
Vous n'épousez pas Ruth, mais vous l'avez pour fille [2].

Cette charmante histoire de Ruth est extraite, comme Florian l'indique, de l'Ecriture Sainte. L'auteur nous y fait admirer les soins paternels de la Providence envers les gens de bien. On y voit les heureuses suites d'un attachement inviolable à la vraie religion, les ressources de la piété dans le malheur, les avantages de la modestie et d'une bonne réputation.

La prudence et la sagesse de Noémi, l'affection, la docilité, la douceur de Ruth, la probité et la générosité de Booz plaisent, touchent et instruisent. Or, les pages les plus éloquentes ne sauraient mieux faire que d'instruire, de toucher et de plaire; c'est le but même de l'Eloquence. Le style de la Bible est d'une simplicité naïve et touchante, que le poëte n'a pas toujours su conserver. Nous ne trouverons jamais rien, même dans les plus grands poëtes, qui aille au cœur comme cette réponse de Ruth à sa belle-mère, au moment où

Orpha baisse les yeux et pleure en la quittant :

« J'irai avec vous, et partout où vous resterez je resterai; votre peuple sera mon peuple, et votre Dieu sera mon Dieu; je mourrai dans la terre où vous mourrez. »

Voilà pourquoi Florian nous a proposé Ruth comme un modèle du *pieux respect* et de l'affection filiale que nous devons à nos parents.

que pieux. Après s'être distingué en divers combats et notamment à Fontenoy, il se donna tout entier au service de Dieu et des pauvres, dans son habitation de *Sceaux*, près Paris. Ses douces et bienfaisantes vertus le protégèrent contre les violences de la révolution, mais les malheurs de la famille royale et surtout la fin déplorable de sa belle-fille, la princesse de Lamballe, lui portèrent un coup mortel.

1. Le fils du duc de Penthièvre, Stanislas de Bourbon, prince de Lamballe, était mort en 1768.

2. Marie-Thérèse-Louise de Savoie Carignan, veuve du prince de Lamballe, était justement aimée du duc, son beau-père, et de tous ceux qui la connaissaient. Les grâces de sa personne et la douceur de son caractère lui avaient gagné tous les cœurs. Quand Florian la comparait à Ruth, il ne pouvait pas encore prévoir l'épouvantable catastrophe qui terminerait la vie de cette princesse. Amie dévouée de la reine Marie-Antoinette, elle fut arrêtée avec la famille royale, le 10 août 1792, et livrée à des égorgeurs, le 8 septembre.

FIN DE RUTH.

TOBIE [1],

POÈME

TIRÉ DE L'ÉCRITURE SAINTE [2],

━━ ━━

A MESDEMOISELLES DE L. B. ET D. D.
Agées de neuf à dix ans.

O vous qui de cet âge où l'on sort de l'enfance
Conservez seulement la grâce et l'innocence,
Dont le précoce esprit, empressé de savoir,
Croit gagner un plaisir s'il apprend un devoir,
De Tobie écoutez l'antique et sainte histoire;
Dans ce simple récit point d'amour, point de gloire :
C'est un juste, un bon père, un cœur pur, bienfaisant,
Qui n'aime que son Dieu, les humains, son enfant.
Ah! ces vertus pour vous ne sont point étrangères;
Lisez, lisez Tobie à côté de vos mères [3].

A Ninive [4] autrefois, quand les tribus en pleurs
Expiaient dans les fers leurs coupables erreurs [5],

1. TOBIE (c'est-à-dire *bon maître*), Juif célèbre par sa piété, fut emmené captif à Ninive avec ses compatriotes, et devint pourvoyeur du roi assyrien Salmanasar (VIIIᵉ siècle av. J.-C.).
2. Le *livre de Tobie* dans la *Bible* contient l'histoire des deux Tobie en 14 chapitres.
3. Florian adresse son charmant poëme de Tobie à « de jeunes enfants qui ont conservé la grâce et l'innocence de leur âge, dont l'esprit précoce aime à s'instruire, et qui se font un bonheur d'*apprendre un devoir*. » Vous lirez donc l'histoire de Tobie, chers enfants, pour qui je me suis fait un devoir et un plaisir d'annoter ces pages; vous la lirez, car, selon l'expression du poëte, les vertus de Tobie ne vous sont point étrangères; vous les voyez pratiquer par votre père, par votre mère, par vos maîtres; commencez à votre tour le doux apprentissage de ces vertus, en aimant Dieu de tout votre cœur, en aimant votre prochain comme vous vous aimez vous-mêmes; et comme vous aimez Dieu.
4. NINIVE, où régnait Salmanasar, sur les rives du *Tigre*, un des grands fleuves de l'Asie.
5. Les rois d'Israël et leur peuple ayant négligé d'adorer le vrai

11.

Il fut un juste encore : il avait nom Tobie.
Consacrant à son Dieu chaque instant de sa vie,
Vieillard, malheureux, pauvre, il n'en donnait pas
[moins
Aux pauvres des secours, aux malheureux des soins.
A travers les dangers, par des routes secrètes,
De ses frères captifs parcourant les retraites,
Il consolait la veuve, adoptait l'orphelin ;
Le cri d'un opprimé réglait seul son chemin [1];
Et lorsque ses amis, effrayés de son zèle,
Lui présageaient du roi la vengeance cruelle [2] :
Je crains Dieu, disait-il, encor plus que le roi,
Et les infortunés me sont plus chers que moi.
    Un jour, après avoir, pendant la nuit obscure,
A des morts délaissés donné la sépulture,
De travail épuisé, de fatigue abattu [3],
Sa force ne pouvant suffire à sa vertu,
Le vieillard lentement au pied d'un mur se traîne.
Il dormait, quand l'oiseau que le printemps ramène [4],
Du nid qu'il a construit au dessus de ce mur,
Fait tomber sur ses yeux un excrément impur :
A Tobie aussitôt la lumière est ravie [5],
Sans se plaindre, adorant la main qui le châtie :
O Dieu, s'écria-t-il, tu daignes m'éprouver.
Je n'en murmure point, tu frappes pour sauver!
Mes yeux, mes tristes yeux, privés de la lumière,
Ne pourront plus au ciel précéder ma prière ;

Dieu, et s'étant adonnés au culte des idoles, le Seigneur les livra au bras vengeur des rois d'Assyrie, qui détruisirent le royaume et emmenèrent le peuple en captivité.
    1. « Il allait partout où un malheureux implorait son secours. »
    2. Salmanasar, qui avait donné toute liberté à Tobie, étant venu à mourir, Sennachérib, son fils, qui régna après lui, fit périr plusieurs Juifs que Tobie ne craignit point d'ensevelir. « Le roi l'ayant appris, commanda qu'on le mît à mort. » (Tobie, ch. 1, v. 18, 21, 22.)
    3. « Épuisé de travail, abattu de fatigue. » Inversion.
    4. Charmante périphrase pour désigner l'hirondelle.
    5. « Tobie devint aveugle aussitôt. »

Vers le pauvre avec peine, hélas ! j'arriverai :
Je ne le verrai plus, mais je le bénirai.

Ses amis, cependant, sa famille, sa femme,
Loin d'émousser les traits qui déchiraient son âme,
De porter sur ses maux le baume précieux
De la compassion, seul bien du malheureux [1],
Viennent lui reprocher jusqu'à sa bienfaisance :
Où donc, lui disent-ils, est cette récompense
Qu'aux vertus, à l'aumône accorde le Seigneur ?
Le vieillard ne répond qu'en leur montrant son cœur.
Mais ce cœur, accablé de ces cruels reproches,
Fort contre le malheur, faible contre ses proches,
Désire le trépas, et le demande au ciel.
Sa prière monta jusques à l'Éternel ;
L'ange du Dieu vivant descendit sur la terre.

Le vieillard, se croyant au bout de sa carrière,
Fait appeler son fils, son fils qui, jeune encor,
De l'aimable innocence a gardé le trésor ;
Comme un autre Joseph nourri dans l'esclavage,
Et semblable à Joseph de mœurs et de visage,
Possédant sa beauté, sa grâce et sa pudeur [2].
Tobie, en l'embrassant, lui dit avec douceur :
Mon fils, la mort dans peu va te ravir ton père :
De ton respect pour moi fais hériter ta mère [3].
Celle qui t'a nourri, qui t'a donné le jour,
Pour de si grands bienfaits ne veut qu'un peu d'amour :
Quel plaisir est plus doux qu'un devoir de tendresse ?
Honore le Seigneur, marche dans sa sagesse ;
Que surtout l'indigent trouve en toi son appui ;
Partage tes habits et ton bien avec lui ;
Reçois entre tes bras l'orphelin qui t'implore ;
Riche, donne beaucoup ; et, pauvre, donne encore.

1. « Au lieu de calmer sa douleur et de consoler son âme. »
2. Tous les petits enfants intelligents connaissent l'histoire de Joseph, fils de Jacob.
3. « Aie pour ta mère, après ma mort, le respect que tu as pour moi. »

Ce précepte, mon fils, contient toute la loi.
Je dois en ce moment confier à ta foi
Qu'à Gabélus [1] jadis, sur sa simple promesse,
Je laissai dix talents [2], mon unique richesse :
Va toi-même à Ragès pour les redemander.
Vers ce pays lointain quelqu'un peut te guider;
Cherche dans nos tribus un conducteur fidèle,
Dont nous reconnaîtrons et la peine et le zèle.
 Il dit. Son fils le quitte, et court vers sa tribu.
Devant lui se présente un jeune homme inconnu,
Dont la taille, les traits, la grâce plus qu'humaine,
Dès le premier abord et l'attire et l'enchaîne;
Ses yeux doux et brillants, sa touchante beauté,
Son front où la noblesse est jointe à la bonté,
Tout plaît, tout charme en lui par un pouvoir suprê-
 C'était l'ange du ciel envoyé par Dieu même, [me.
Qui venait de Tobie assurer le bonheur [3].
 L'ange s'offre à servir de guide au voyageur :
Il le suit chez son père, et le vieillard en larmes
Ne lui déguise point ses soupçons, ses alarmes;
Longtemps il l'interroge; et, lui tendant les bras :
De mes craintes, dit-il, ne vous offensez pas;
Vieux, souffrant, et privé de la clarté céleste,
Mon enfant, de la vie, est tout ce qui me reste :
La frayeur est permise à qui n'a plus qu'un bien.
De mon dernier trésor je vous fais le gardien.
Ah! vous me le rendrez; mon âme satisfaite
Éprouve en vous parlant une douceur secrète;
Je ne sais quelle voix me dit au fond du cœur
Que vous serez conduit par l'ange du Seigneur.

 1. GABÉLUS, parent de Tobie, habitait pendant la captivité la ville
de RAGÈS, en Médie. Ragès n'était pas éloigné d'Ecbatane, et il y
avait 25 lieues environ d'Ecbatane à Ninive, où demeurait Tobie.
 2. LE TALENT était une monnaie en usage chez plusieurs peuples
de l'antiquité. Le talent des Hébreux valait environ 6,000 fr., ce qui
porte la dette de Gabélus à 60,000 francs.
 3. C'était l'ange Raphaël.

O mon fils, pour adieu reçois ce doux présage [1].
Le jeune homme l'embrasse, et s'apprête au voyage ;
Il presse, en gémissant, sa mère sur son sein.
Bientôt, guidé par l'ange, il se met en chemin ;
Mais trois fois il s'arrête, et trois fois renouvelle [2]
Ses adieux et ses cris ; alors le chien fidèle,
Seul ami demeuré dans la triste maison,
Court, et du voyageur devient le compagnon [3].

Ils marchent tout le jour dans ces plaines fécondes
Où le Tigre en courroux précipite ses ondes.
Arrêté sur ses bords pour prendre du repos,
Tobie, en se lavant dans ses rapides eaux,
Découvre un monstre affreux dont la gueule béante
Lui fait jeter un cri d'horreur et d'épouvante.
L'ange accourt : Saisissez, lui dit-il, sans frémir,
Ce monstre qu'à vos pieds vous allez voir mourir.
Prenez son fiel sanglant [4], il vous est nécessaire :
Le temps vous apprendra ce qu'il en faudra faire.
Le jeune Hébreu surpris obéit à l'instant ;
Il partage le corps du monstre palpitant,
Et réserve le fiel ; sur une flamme pure
Le reste préparé devient sa nourriture.

Cependant de Ragès, au bout de quelques jours,
Les voyageurs charmés aperçoivent les tours.
L'ange, avant d'arriver aux portes de la ville :
De Gabélus, dit-il, ne cherchons point l'asile ;
Dès longtemps Gabélus a quitté ces climats.

---

1. « O mòn fils, que l'ange de Dieu t'accompagne ! La pensée que je viens d'exprimer te portera bonheur. »

2. Cette manière de parler est commune aux poètes. Florian veut faire entendre que le jeune Tobie s'arrêta *souvent* pour envoyer à ses parents en pleurs un dernier adieu.

3. Ce trait est consigné dans la Bible. « Tobie partit donc, et le chien le suivit. » (Ch. vi. v. 1.)

4. Le *fiel* est un liquide verdâtre renfermé dans une petite poche au-dessous du foie. On l'appelle également bile. Le poète le qualifie ici de *sanglant*, sans doute parce que Tobie, pour le prendre, devait *tuer* le poisson.

Chez un autre que lui je vais guider vos pas.
Le riche Raguel, neveu de votre père,
A po̶ r̶ fille Sara, son unique héritière.
Son plus proche parent doit seul la posséder.
La loi l'ordonne ainsi, venez la demander [1].
Interdit à ces mots, le docile Tobie
Lui répond : O mon frère, à vous seul je confie
Des malheurs de Sara ce qu'on m'a rapporté :
Tout Israël connaît sa vertu, sa beauté;
Mais déjà sept époux, briguant son hyménée [2],
Ont dès le même soir fini leur destinée [3].
Que deviendra mon père, hélas! si je péris?
Ne craignez rien, dit l'ange, et suivez mes avis.
Ivres d'un fol amour que le Seigneur condamne,
Les amants de Sara brûlaient d'un feu profane.
Ils en furent punis : mais vous, mon frère, vous,
Que la loi de Moïse a nommé son époux,
Dont le cœur, aux vertus formé dès votre enfance,
Épurera l'amour par la chaste innocence,
Vous obtiendrez Sara sans irriter le ciel.
  En prononçant ces mots ils sont chez Raguel.
Tous deux, les yeux baissés, demandent à l'entrée
Cette hospitalité des Hébreux révérée.
Raguel, à leur voix empressé d'accourir,
Rend grâce aux voyageurs qui l'ont daigné choisir :
Mais, fixant sur l'un d'eux une vue attentive,
Il reconnaît les traits du vieillard de Ninive [4];
Quelques pleurs aussitôt s'échappent de ses yeux.
Seriez-vous, leur dit-il, du nombre des Hébreux
Que le vainqueur retient dans les champs d'Assyrie?
—Oui, répond l'ange.—Ainsi vous connaissez Tobie?—

1. Nous avons déjà vu, dans l'histoire de *Ruth*, que telle était la loi de Moïse.
2. « L'ayant demandée en mariage. »
3. « Sont morts dès le même soir. »
4. Lorsque Raguel eut jeté les yeux sur Tobie, il dit à Anne, sa femme : « Comme ce jeune homme ressemble à mon parent! » (Ch. VII, v. 2.)

Qui de nous a souffert et ne le connaît pas? —
Ah! parlez : avons-nous à pleurer son trépas?
Ou le Seigneur, touché de nos longues misères,
L'a-t-il laissé vivant pour exemple à nos frères?
— Il respire, dit l'ange, et vous voyez son fils. —
O jour trois fois heureux! Enfant que je bénis,
Viens, accours sur mon sein; que Raguel embrasse
Le digne rejeton d'une si sainte race!
Ton père soixante ans fut notre unique appui :
Viens jouir, ô mon fils, de notre amour pour lui.

Il appelle aussitôt son épouse et sa fille,
Annonce son bonheur à toute sa famille,
Et veut que d'un bélier immolé par sa main
Aux hôtes qu'il reçoit on prépare un festin [1].

On obéit. Tobie, assis près de son guide,
Sur la belle Sara porte un regard timide :
Il rencontre ses yeux : aussitôt la pudeur
Couvre son jeune front d'une aimable rougeur.
Il s'enhardit pourtant; et, d'une voix émue :
O Raguel, dit-il, notre loi t'est connue :
Tu sais qu'elle prescrit des nœuds encor plus doux
Aux liens que le sang a formés entre nous;
Je réclame la loi, je suis de ta famille :
Au fils de ton ami daigne accorder ta fille.
Mes seuls titres, hélas! pour obtenir sa foi,
Sont le nom de mon père et mon respect pour toi!
Le vieillard, à ces mots, sent naître ses alarmes :
Il élève au Seigneur des yeux remplis de larmes;
Son épouse et sa fille, en se pressant la main,
Ont caché toutes deux leur tête dans leur sein.
Mais l'ange les rassure, et sa douce éloquence
Dans leur cœur pas à pas fait entrer l'espérance;
Il les plaint, les console, et de leur souvenir

---

1. Après qu'ils eurent parlé, Raguel commanda qu'on tuât un bélier et les pria de se mettre à table. (Ch. VII, v. 9.)

Bannit les maux passés par les biens à venir.
Raguel, entraîné, cède au pouvoir suprême
De ce jeune inconnu qu'il révère et qu'il aime.
Il unit les époux au nom de l'Éternel [1],
Les bénit en tremblant, les recommande au ciel,
Et, pendant le festin, sa timide allégresse
Voile quelques instants sa profonde tristesse [2].

Le repas achevé, dans leur appartement
Les deux nouveaux époux sont conduits lentement.
A genoux aussitôt, le front dans la poussière,
Ils élèvent au ciel leur touchante prière :
Dieu puissant, disent-ils, qui daignas de tes mains
Former une compagne au premier des humains [3],
Afin de consoler sa prochaine misère
Par le doux nom d'époux et par celui de père,
Nous ne prétendons point à ce bonheur parfait
Qui pour le cœur de l'homme, hélas ! ne fut point fait.
Mais donne-nous l'amour des devoirs qu'il faut sui-
La vertu pour souffrir, la tendresse pour vivre, [vre :
Des héritiers nombreux dignes de te chérir,
Et des jours innocents passés à te servir.

Dans ces devoirs pieux la nuit s'écoule entière.
Dès que le chant du coq annonce la lumière,
Raguel, son épouse, accourent tout tremblants,
N'osant pas espérer d'embrasser leurs enfants :
Ils les trouvent tous deux dans un sommeil tran-
De festons aussitôt ils parent leur asile [4], [quille.
Font ruisseler le sang des taureaux immolés,

1. Et prenant la main droite de sa fille, il la mit dans la main
droite de Tobie, et lui dit : « Que le Dieu d'Abraham, le Dieu d'Isaac
et le Dieu de Jacob soit avec vous, et que lui-même vous unisse. »
(Ch. VII, v. 15.)
2. Et après cela, ils mangèrent, bénissant Dieu. (Ch. VII, v. 17.)
3. « Qui daignas former de tes mains une compagne à Adam, le
premier des hommes. »
4. « Ils parent leur maison de fleurs et de feuillages, comme dans
un jour de fête. »

Et retiennent dix jours leurs amis rassemblés.
L'ange, pendant ce temps, au fond de la Médie
Allait redemander le dépôt de Tobie.
Gabélus le lui rend ; et l'ange de retour,
Au milieu des plaisirs, de l'hymen, de l'amour,
Retrouve son ami pensif et solitaire,
Soupirant en secret de l'absence d'un père.
Partons, lui dit Tobie, ô mon cher bienfaiteur
Être heureux loin de lui pèse trop sur mon cœur.
Parmi tant de festins, au sein de l'opulence,
Je ne vois que mon père en proie à l'indigence :
Hâtons-nous, hâtons-nous d'aller le secourir ;
Obtiens de Raguel qu'il nous laisse partir.
Il est père ; aisément son âme doit comprendre
Ce qu'un fils doit d'amour au père le plus tendre.

Il dit ; l'ange aussitôt va trouver Raguel ;
Il le fait consentir à ce départ cruel.
Le malheureux vieillard les conjure, les presse
De revenir un jour consoler sa vieillesse :
Tobie en fait serment, et bientôt les chameaux,
Les esclaves nombreux, les mugissants troupeaux,
Qui de la jeune épouse ont été le partage,
Vers la terre d'Assur commencent leur voyage[1].
L'ange, présent partout, guide les conducteurs.
Sara, le front voilé, cachant ainsi ses pleurs,
Assise sur le dos d'un puissant dromadaire,
Soupire, et tend de loin ses deux bras à sa mère ;
Son époux la soutient sur son sein palpitant.

Hélas ! il était temps que le jeune Tobie
A son malheureux père allât rendre la vie.
Depuis qu'il est parti, ce vieillard désolé,
Comptant de son retour le moment écoulé,
Se traînait chaque jour aux portes de Ninive.

---

1. « Vers l'Assyrie. » Assur, premier roi d'Assyrie, et fondateur de Ninive.

Son épouse guidait sa démarche tardive.
Le vieillard restait seul, assis sur le chemin ;
Vers chaque voyageur il étendait la main :
Le voyageur passait ; et Tobie, en silence,
Pour la reperdre encore attendait l'espérance.
Sa femme, gravissant sur les monts d'alentour,
Cherchait au loin des yeux l'objet de son amour,
Pleurait de ne point voir cet enfant qu'elle adore,
Et suspendait ses pleurs pour le chercher encore [1].

Mais ce fils approchait : accusant ses lenteurs [2],
Il laisse ses troupeaux aux soins de leurs pasteurs,
Les précède avec l'ange ; et sa mère attentive
L'aperçoit tout à coup accourant vers Ninive [3].
Elle vole aussitôt, craint d'arriver trop tard ;
Mais le chien, plus prompt qu'elle, est auprès du vieil-
Il reconnaît son maître, il jappe, il le caresse, [lard ;
Exprime par ses cris sa joie et sa tendresse [4].
Le malheureux aveugle, à ces cris qu'il entend,
Juge que c'est son fils que le Seigneur lui rend :
Il se lève, et, d'un pas chancelant et rapide,
Marchant les bras ouverts, sans soutien et sans guide,
O mon fils, criait-il, c'est toi, c'est toi... Soudain
Le jeune homme, en pleurant, s'élance dans son
Le vieillard le reçoit, et le serre, et le presse ; [sein :
D'un long embrassement il savoure l'ivresse [5] ;
Au défaut de ses yeux, sa paternelle main

1. « Rien ne pouvait consoler la mère de Tobie, et, sortant tous
les jours, elle regardait de tous côtés, et allait dans tous les chemins par lesquels elle espérait qu'il pourrait revenir, pour le voir
de plus loin, quand il reviendrait. (Ch. XI, v. 7.)
2. « S'accusant lui-même d'être trop lent à revoir son père. »
3. Et, comme elle regardait, elle le vit de loin et le reconnut aussitôt ; et, courant, elle l'annonça à son mari, disant : « Voilà que
votre fils vient. » (Ch. XI, v. 6.)
4. Alors le chien, qui les avait suivis durant le chemin, courut devant eux ; et, comme un courrier qui les aurait précédés, il témoi-
gnait sa joie par le mouvement de sa queue. (Ch. XI, v. 9.)
5. « Il goûte la joie suprême d'embrasser son enfant. »

S'assure d'un bonheur qu'il croit trop peu certain.
La mère arrive alors, palpitante, éperdue,
Réclamant à grands cris une si chère vue;
Les larmes du bonheur coulent de tous les yeux,
Et l'ange, en les voyant, se croit encore aux cieux [1].
    Après ces doux transports, l'ange dit à son frère
De toucher du vieillard la tremblante paupière
Avec le fiel du monstre immolé par ses mains.
Le jeune homme obéit à ces ordres divins,
Et Tobie aussitôt voit la clarté céleste.
Gloire à toi, cria-t-il, Dieu puissant que j'atteste!
J'avais péché longtemps et longtemps je souffris [2]:
Mais je revois enfin et le ciel et mon fils!
O mon Dieu! je rends grâce à ta bonté propice:
Oui, ta miséricorde a passé ta justice.
    Il dit, et de Sara les serviteurs nombreux,
Les troupeaux, les trésors, viennent frapper ses yeux.
La modeste Sara descend, lui fait hommage
De ces biens devenus désormais son partage,
Lui demande à genoux d'aimer et de bénir
L'épouse qu'à son fils le ciel voulut unir.
Le vieillard étonné la relève, l'embrasse;
Il admire ses traits, sa jeunesse, sa grâce;
Et, s'appuyant sur elle, écoute le récit
De ce qu'a fait son Dieu pour l'enfant qu'il chérit.
Mais, ajoute ce fils, vous voyez dans mon frère
Mon soutien, mon sauveur, mon ange tutélaire,
Il a guidé mes pas, il défendit mes jours;
C'est de lui que je tiens l'objet de mes amours;

1. C'est un bonheur céleste, en effet, pour des parents et des enfants de se revoir après une longue absence. Aussi le paradis nous réserve-t-il ce bonheur; car là, si nous avons été vertueux sur la terre, nous retrouverons ceux que la mort a séparés de nous pour un temps.
2. C'est par humilité que Tobie dit qu'il a péché longtemps. Dieu ne l'avait éprouvé que parce qu'il le chérissait et qu'il voulait en faire un modèle de résignation et de piété.

Lui seul vous fait revoir la céleste lumière ;
Il m'a donné ma femme et m'a rendu mon père ;
Hélas ! que peut pour lui notre vive amitié?
Des trésors de Sara donnons-lui la moitié ;
Qu'en recevant ce don sa bonté nous honore.
S'il daigne l'accepter, il nous oblige encore [1].

Aux pieds de l'ange alors, le père avec le fils,
Rougissant tous les deux d'offrir ce faible prix,
Le pressent de choisir dans toute leur richesse.
L'ange, les regardant, sourit avec tendresse ;
Ne vous offensez pas, dit-il, de mes refus;
Gardez, gardez vos biens, et surtout vos vertus;
Elles vous ont valu le secours de Dieu même.
Je suis l'ange envoyé par ce Dieu qui vous aime [2];
Il voulut acquitter ces bienfaits si nombreux
Répandus, prodigués à tant de malheureux.
Vos aumônes, vos dons, ô vieillard charitable,
Tout, jusqu'au simple vœu d'aider un misérable,
Fut écrit dans le ciel ; Dieu conserve en ses mains,
Comme un dépôt sacré, le bien fait aux humains.
Il vous rend ces trésors, mais pour le même usage;
Au pauvre, à l'indigent faites-en le partage;
Donnez pour amasser auprès de l'Éternel ;
Vivez longtemps heureux. Moi, je retourne au ciel [3].

Vous avez vu dans l'histoire de Tobie, chers enfants, et

1. « Je vous demande, mon père, de le prier de prendre la moitié de tout ce que nous avons apporté, s'il le croit digne de lui. » (Ch. XII, v. 4.)
2. « Je suis l'ange Raphaël, l'un des sept qui se tiennent devant le Seigneur. » (Ch. XII, v. 15.) *Raphaël* veut dire *remède de Dieu.* C'est cet ange, en effet, dont Dieu s'est servi pour guérir Tobie. Saint Grégoire nous apprend que les anges n'ont point de noms de leur nature; mais qu'ils prennent leur nom du ministère auquel Dieu, dans sa bonté pour nous, juge à propos de les employer.
3. « Il est temps que je retourne vers celui qui m'a envoyé ; mais vous, bénissez le Seigneur et racontez toutes ses merveilles. » Et après qu'il eut parlé ainsi, il disparut de leur présence et ils ne purent plus le voir. (Ch. XII, v. 20 et 21.)

vos mères vous ont dit avant moi que Dieu avait placé près de nous un Ange gardien. Cet Ange, que nous ne pouvons voir avec les yeux du corps, ne nous quitte jamais : il veille à nos côtés, il dirige nos pas, de même que Raphaël dirigeait les pas du jeune Tobie. Comme un ami sincère, il se réjouit du bien que nous faisons, il s'attriste de nos chutes, il nous inspire le regret de nos fautes. Le matin, au lever de l'aurore, et le soir, quand l'ombre s'étend sur la terre, il porte au Ciel dans un vase d'azur, ou dans un encensoir d'or, les prières que nous adressons à Dieu. A l'heure de notre mort, il accompagnera notre âme jusqu'au tribunal redoutable où elle sera jugée selon ses mérites. Heureux alors, chers enfants, si vous avez toujours écouté la voix de votre bon Ange, et si vous n'avez jamais attristé par le péché son cœur fraternel ! Heureux, si, comme Tobie, vous avez suivi avec fidélité le chemin de la vertu qui mène au Ciel ! Là vous retrouverez votre bon Ange, face à face, comme vous verrez Dieu, et en relisant dans le livre *où tout est écrit* le bien que vous aurez fait sur la terre, vous commencerez à jouir de cette félicité suprême que Dieu nous a promise, et qui ne finira jamais.

FIN.

TABLE DES MATIÈRES.

Préface.   3

LIVRE PREMIER.

La Fable et la Vérité.   5
Le Bœuf, le Cheval et l'Ane.   7
Le Roi et les deux Bergers.   9
Les deux Voyageurs.   13
Les Serins et le Chardonneret.   14
Le Chat et le Miroir.   16
La Carpe et les Carpillons.   18
Le Calife.   20
La Mort.   23
Les deux Jardiniers.   24
Le Chien et le Chat.   27
Le Vacher et le Garde Chasse.   27
La Coquette et l'Abeille.   29
L'Eléphant blanc.   30
Le Lierre et le Thym.   32
Le Chat et la Lunette.   34
Le jeune Homme et le Vieillard.   36
La Taupe et les Lapins.   37
Le Rossgnol et le Prince.   39
L'Aveugle et le Paralytique.   40
L'Enfant et le Dattier.   43

LIVRE SECOND.

La Mère, l'Enfant, et les Sarigues.   46
Le vieux Arbre et le Jardinier.   48
La Brebis et le Chien.   50
Le bon Homme et le Trésor.   51
Le Troupeau de Colas.   55
Le Bouvreuil et le Corbeau.   56
Le Singe qui montre la Lanterne
    magique.   58
L'Enfant et le Miroir.   60
Les deux Chats.   61
Le Cheval et le Poulain.   63
Le Grillon.   65
Le Château de cartes.   67
Le Phénix.   70
L'Education du Lion.   71
Le Danseur de corde et le Balan-
    cier.   76
La jeune Poule et le vieux Renard.   77
Le Chat et le Moineau.   79
Le Roi de Perse.   81
Le Linot.   82

LIVRE TROISIÈME.

Les Singes et le Léopard.   85
L'Inondation.   87
Le Sanglier et les Rossignols.   90

Le Rhinocéros et la Dromadaire.   92
Le Lièvre, ses Amis, et les deux
    Chevreuils.   94
Les deux Bacheliers.   98
Le roi Alphonse.   100
La Renard déguisé.   101
Les Enfants et les Perdreaux.   102
L'Hermine, le Castor et le San-
    glier.   105
La Balance de Minos.   108
Le Paon, les deux Oisons, et le
    Plongeon.   109
Le Hibou, le Chat, l'Oiseau et le
    Rat.   110
Le Parricide.   113
Le Perroquet confiant.   114
Le Lion et le Léopard.   116

LIVRE QUATRIÈME

Le Savant et le Fermier.   118
L'Ecureuil, le Chien et le Renard.   122
Le Perroquet.   124
La Vipère et la Sangsue.   126
Le Pacha et le Dervis.   127
Le Laboureur de Castille.   129
La Fauvette et le Rossignol.   131
La Guenon, le Singe et la Noix.   134
Le Lapin et la Sarcelle.   135
Les deux Chauves.   140
Le Chat et les Rats.   141
Le Miroir de la Vérité.   142
Les deux Paysans et le Nuage.   144
Le Voyage.   146
Le Coq fanfaron.   147

LIVRE CINQUIÈME

Le Berger et le Rossignol.   149
Les deux Lions.   151
La Colombe et son Nourrisson.   153
Jupiter et Minos.   156
Le Petit Chien.   157
Le Léopard et l'Ecureuil.   159
Le Crocodile et l'Esturgeon.   160
La Chenille.   162
La Guêpe et l'Abeille.   163
Le Hérisson et les Lapins.   164
Le Milan et le Pigeon.   167
Le Chien coupable.   168
L'Aigle et le Hibou.   171
Le Poisson volant.   174
Epilogue.   175
RUTH, poëme.   176
TOBIE, églogue.   185

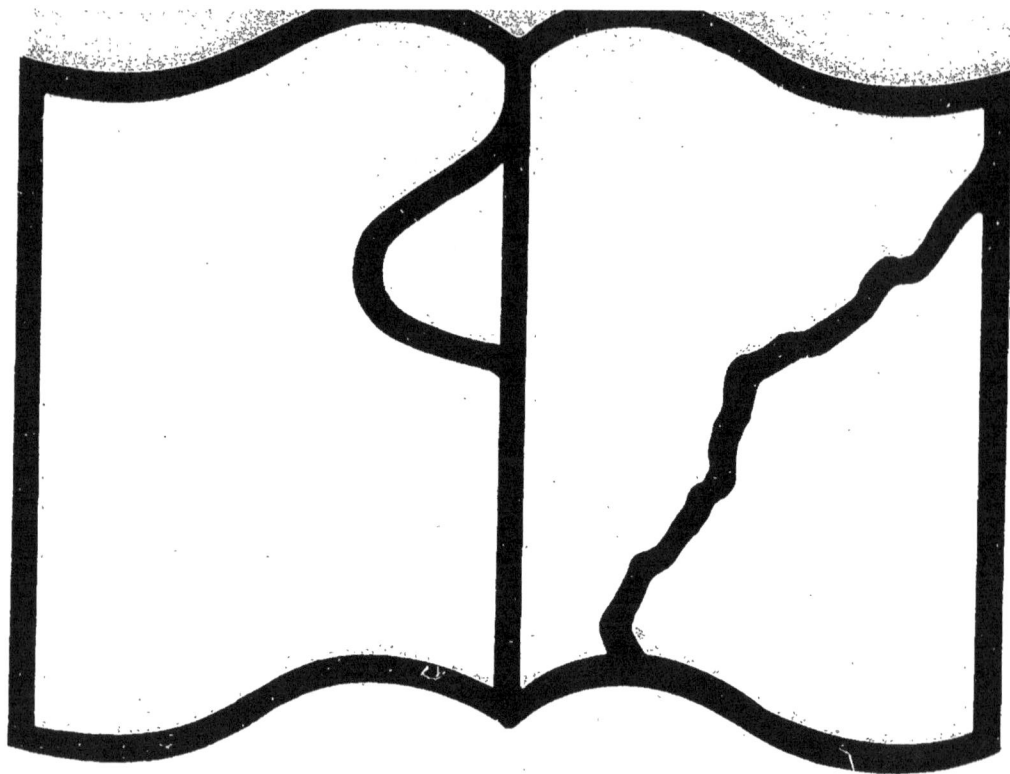

Texte détérioré — reliure défectueuse

Contraste insuffisant

NF Z 43-120-14